On or Off

On or Off 3

On or Off

On or Off

Kapitel 5

On or Off

On or Off

Krrt
An
Ich werde
Arbeit gehen.
Kleiderschrank auf
Seiten schauen, finden Sie
Unterwäsche und Ihr Hemd
im Fach. Ihr Anzug
im Dampf-
steht ein
auf dem
Sie
Esstisch bereit.
etwas, bevor Sie
Daehyung
Krrt

Ngh, ugh ...
Nein!
Wuaah!
Argh ...
...
Plumps
Zzzzz
Zzzzz

Sst
Zuck
...
Ich fahre zur Arbeit.
Für einen One-Night-Stand ...
... ist das genug Aufmerksamkeit.
Moment mal ...
... was bedeutet das für unsere Geschäftsbeziehung?

Was wird wohl passieren, wenn wir uns in der Firma wiedersehen?
Die Arbeit darf durch unser Verhältnis nicht beeinträchtigt werden.
Wenn man seine Persönlichkeit bedenkt, wird er ...
... oder doch nicht?
Moment.
Was für einen Charakter hat er überhaupt?
Was weiß ich überhaupt über ihn?
Ich weiß ... nur das, was sich gestern gezeigt hat.
Es hat alles damit begonnen, dass er unnützen Kleinkram für Abteilungsleiter Kim erledigt hat.

Anschließend hat er sein Bestes gegeben ...
... um sein verschrobenes Team in Einklang zu bringen.
Zunächst schien es ihn überrumpelt zu haben, Geschäftsführer genannt zu werden ...
... aber innerhalb weniger Sekunden hatte er sich darauf eingestellt und sein Gesichtsausdruck veränderte sich.
Er kam sehr gut mit den anderen Mitarbeitern klar ...
... kannte aber sein eigenes Limit nicht und trank weit über den Durst.
Darauf benahm er sich ungeniert und machte anzügliche Anspielungen.

Wie soll ich einen Studenten in seinen Zwanzigern …
… der an einem einzigen Tag so viele Facetten von sich zeigt …
… auch nur annähernd verstehen können?
Fakt ist, dass wir Geschäftspartner sind …
… und ich mir unsicher bin, wie viel Distanz ich zu ihm wahren sollte.
Vielleicht täusche ich mich auch in dieser Annahme …

... aber er scheint ein sexuell sehr aufgeschlossener Typ zu sein.
Eventuell war das Ganze gar keine große Sache für ihn.
Nein, vielleicht war es auch nur eine Art Ablenkung, um die schlechte Erfahrung vom letzten Mal zu vergessen.
Hmm ...
Ich habe ein schlechtes Gewissen.
Egal. Ab morgen bin ich auf Geschäftsreise ...
... also werde ich ihn bis nächste Woche nicht mehr sehen.

Danach kann ich mit ihm einfach auf eine professio-nellere Ebene wechseln.
Das wäre der ideale Verlauf.
Es ist aber nicht auszu-schließen, dass er mich nach mehr fragen wird.
Das würde mich nicht überraschen.
Falls es wirklich dazu kommen sollte ...
... darf ich ihn nicht verletzen, indem ich ihm eine barsche Abfuhr erteile.
Immerhin hat er einen direkten Einfluss auf die Stimmung seiner Teammitglieder.
Es wäre besser, ihn davon zu über-zeugen, die Sache nach dem Projekt-abschluss in Ruhe zu überdenken.

Wenn ich bis dahin ausharre …
… kann es sein, dass er jemand anderes findet …
… oder das Interesse verliert.
In dem Fall müsste ich gar nicht erst mit ihm darüber reden.
Das wäre der einfachste Weg.
Tapp
Tapp
Das einzige Problem dabei ist …
… dass ich selbst eventuell enttäuscht sein werde.
Letzte Nacht gefiel mir nämlich ziemlich gut.

Sind Sie gestern nach dem Firmen-essen ...
... gut nach Hause gekom-men, Herr Direktor?
Zuck
Warum fragt sie mich das?
Ja, bin ich.
Und Sie, Frau Cha?
Weiß sie etwa, dass ich Herrn Ahn mitgenom-men habe?
Ach, im Grunde spielt es keine Rolle, was ihre Intention bei der Frage ist.
Ja, ich auch.

Er würde bei so einer Frage wahrscheinlich nervös werden, was?
Ja, sie soll zur geplanten Zeit starten.
Findet die Hauptversammlung heute ohne Änderungen statt?
Nein, ich sollte mir über solche nutzlosen Dinge keine Sorgen machen.
In Ordnung. Überprüfen Sie bitte noch einmal den Meetingraum.
Er sollte damit klarkommen.
Ich mache mir wirklich zu viele Gedanken.
Flapp
Ihm wird es doch gut gehen, oder?
Lassen Sie uns mit der Hauptversammlung beginnen.

Ich werde direkt zum Punkt kommen.
Der Grund, warum ich dieses Meeting einbe...
Bwamm
Direktor Kang!
?!
Bubumm

Herr Ahn?
Es scheint ihm gut zu gehen.
Aber was macht er hier?
Was soll das?!
Was glauben Sie, wo Sie sind, dass Sie einfach so reinplatzen können?
Ist eine Hauptversammlung ein Kinderspielplatz?
Direktor Kang, sollten Sie nicht auch etwas sagen?!
Scheint, als ob er bereits ahnt, dass er heute in die Mangel genommen wird.
Er versucht, mir durch sein selbstbewusstes Auftreten den Wind aus den Segeln zu nehmen.
Lassen Sie uns später reden.

Wenn das so ist ...
... werde ich ihm zeigen, wo der Hammer hängt.
Ja, Frau Präsidentin. Das Meeting ist gerade zu Ende gegangen.
Sie möchten gerne die Mitglieder von Team Singco treffen?
Verstanden, ich werde sie fragen.
Erfrischt
Ach, und Herr Ahn ...
... was wollten Sie mir vorhin mitteilen?

Was? Ah ... Das ...
Sie können mir ruhig sagen, was Sie wollen.
Ich werde tun, als ob ich ihm nicht widerstehen kann. Und ihn dann trotzdem bis nach dem Projekt vertrösten.
Ich habe es vergessen.
Verstanden. Geben Sie Bescheid, falls es Ihnen später wieder einfällt.
Eigentlich bin ich gerade in sehr guter Stimmung.
Wir haben uns gut unterhalten und das Essen ist fast vorbei.
Sollte er es jetzt nicht langsam ansprechen? Oder fällt ...
... es ihm schwer, das richtige Timing zu finden?

In dem Fall verschaffe ich ihm noch ein bisschen mehr Zeit.
... als Nächs-tes ... Eis?
Hm? Er hat nicht gefragt.
Ich dachte, ich hätte ihm letzte Nacht ein gutes Ge-fühl beschert ...
... anschei-nend doch nicht. Na ja, dann ...
Wollen wir langsam zu-rückgehen?
Ich ... A... Auto-fahren!
Bitte bringen Sie mir Autofah-ren bei!
...?

Oha? Er fällt gar nicht mit der Tür ins Haus?
Ich habe ihn unterschätzt.
In Ordnung, ich werde mitspielen.
Nächste Woche Samstag. Haben Sie dann Zeit, Herr Ahn?
Auf die Art wird es leichter für ihn zu sagen, dass er wieder mit mir schlafen will.
Der Knopf zum Ausrichten des Sitzes ...
Soll ich richtig in die Vollen gehen?

Wann wird er endlich fragen?
Vielleicht sollte ich es auch lernen. Für das Geschäftliche.
Ha, so ist das also ...
Und was, wenn ich das hier mache?
Ziemlich scharf.
Ich habe ihm so viel Zeit wie möglich und auch deutliche Signale gegeben.
Dennoch verliert er nicht ein Wort darüber.

Er scheint wirklich nicht noch mal mit mir schlafen zu wollen.
Na ja, so viel werde ich wohl nicht verpassen.
Ach, egal.
Ich habe Sie schon wieder falsch eingeschätzt, Herr Ahn.
Halten Sie kurz das Auto an.
Es lief zwar nicht wie erwartet …

... aber es war den-noch ein schöner Tag.
Wie schön.
So rot und ...

Zuck
Habe ich vielleicht irgendetwas gemacht, was Sie falsch verstanden haben?
Was ist mit all den Signalen, die Sie mir gegeben haben?
Tsk!
Sie waren ziemlich aufdringlich, Herr Direktor.

Nun ja, Aufdringlichkeit ist das A und O eines Geschäftsmannes.
Ich wollte warten, bis Sie ein eindeutiges Signal geben.
Dann können Sie ja jetzt, wo ich eins gegeben habe ...
... die Bedingung, auf die wir uns geeinigt haben, auflösen, oder?
Welche meinen Sie?
Ich erinnere mich nicht genau.
Uwah, Sie werden das echt bis zum Schluss durchziehen?
So hätte es ablaufen sollen.
Aber warum ...
... zieht er dann so ein Gesicht?
Er mag mich doch nicht etwa, oder?

Mögen Sie ... mich etwa?
Wie kann er mich mögen? Warum? Er soll mich mögen?
Obwohl ich ihm solche schlimmen Sachen angetan habe?
Ist er ein Hund, oder was?
Seien Sie nicht so. Behandeln Sie mich wie irgendeinen Sexpartner.
Ziehen Sie nicht so ein Gesicht ...
... und haben Sie nicht solche Gefühle für mich.
Ich glaube ...

Haben Sie es etwa ... ernst mit mir gemeint?
... diese Gefühle springen langsam auf mich über.
Und ich weiß nicht, was ich dagegen tun kann.

On or Off

On or Off

Hä? Seht mal, da ist Yiyoung!
Ich habe auf dich gewartet, weil ich wusste, dass du heute deinen Aufsatz abgeben musst!
Wir haben dich vermisst!
Weißt du überhaupt, wie gedrückt die Stimmung ohne dich war?
Wow, unser Schönling ist wieder da!
Aber Yiyoung, du trägst heute ja gar keinen Anzug? Gehst du nicht zur Arbeit?
Ich hab keine Lust ...
... zu arbeiten!
Ich möchte ihm nämlich nicht über den Weg laufen.

Ach! Unser Yiyoung möchte nicht ins Büro!
Es gibt also auch Sachen, die du nicht magst!
Wie süß!
Yiyoung! Wie wäre es, wenn wir schwänzen und zusammen was unter-nehmen?
Okay! Ich werde heute blaumachen ...
... und ordent-lich auf den Putz hauen!
Und wie ich das mache!
Bumm Bamm
I will survive, I will survive!
Coin Noraebang
Karaoke
Oh, as long as I know how to love, I know I'll stay alive.
Bumm Bamm

I've got all my life to live, I've got all my love to give and I'll survive!
Yiyoung singt schon wieder irgendwelche Oldies.
Sein Gesang geht wirklich unter die Haut.
Ja, wie süß!
I will survive, hey, hey!
I will sur-viiiive!
Ah ...
Brr Brr Brr
Shinja Choi
Hello?
Y... Yiyoung ...
Wann kommst du zur Arbeit? Du weißt, dass heute die Werbung gedreht wird, oder?
Es kommen die ganze Zeit ir-gendwelche Leute hierher und fra-gen uns Sachen zum Spiel.

Das weiß ich, aber mir ist heute nicht nach Arbeit.
Falls jemand dich fragt, gib ihnen einfach die groben Details. Oder vielleicht kannst du oder Donga ...
Hey! Yiyoung Ahn! Du Mistkerl! Du kommst jetzt sofort hierher, bevor ich dir den Arsch versohle!
!@#%^ !@%!@
Die harte Realität
Hier wird also gedreht?
Wow, echt beeindruckend. Mit dem ...
Lins
... ganzen Equipment sieht es aus wie ein richtiges Filmstudio.

Sind Sie vorbeigekommen, um sicherzugehen, dass alles in Ordnung ist?
Herr Ahn.

Er hat mich ent-deckt!
Ah, nun ...
Deswegen wollte ich nicht herkommen ...
Sind Sie etwa er-kältet?
Warum tragen Sie ...
Argh!
Nein, keine Er-kältung ...
Was bringt es mir jetzt, mein Gesicht zu verste-cken?
Was?
Es ist nur aus Modegründen. Wenn man sein Kinn verdeckt, sieht die Kieferkontur defi-nierter und das Gesicht kleiner aus ...
Lustlos
Wirklich?

Aber dann würde ja Ihr Gesicht verschwinden.
???
Ah?
Was zur ...
Ich habe mir das ganze Wochenende Sorgen gemacht ...

... und es geht mir immer noch nicht gut.
Er hingegen tut so, als ob nichts passiert wäre.
Er ist wohl jemand, der dabei ganz cool bleiben kann.
Er verwirrt mich ...
Ich muss dann ...
Herr Ahn.
Haben Sie heute Abend ...
... vielleicht etwas Zeit?
Ich möchte Ihnen etwas sagen.
Da haben wir es!

Bestimmt wird er die Sache ein für alle Mal beenden.
Gut, ich werde mich melden, sobald ich Feierabend mache.
Herr Regisseur, wir haben ein Problem!
Haben Sie diese News gesehen?
Unser Schauspieler, Park, wurde verhaftet!
Was? Vor einer Stunde hat sein Manager gesagt, er sei auf dem Weg zu uns!
Sie haben ihn unterwegs festgenommen.
Das Werbemodel scheint Mist gebaut zu haben.
Was hat er nur angestellt?!
Ah, also ...
Argh! Also fällt der Dreh heute aus?
Hm ... Dann müssen wir einen neuen Termin für den Dreh festlegen.
Hey!!

Was habe ich euch gesagt?!
Ich hatte ein Gefühl, dass mit ihm irgendetwas nicht stimmt!
Wer hat ihn überhaupt vorgeschlagen?! Der Verantwortliche soll sofort herkommen!
Wer ist das?
Guten Tag, Frau Präsidentin.
Die Präsidentin?
Was für ein Chaos! Mein Blutdruck ist schon wieder ganz hoch!
Ist es nicht besser, dass es jetzt passiert und nicht erst, wenn die Werbung im Kasten ist?
Wir können einfach ein neues Model anfragen.
Das ist sie also!
Das wird doch wieder ewig dauern.
Wo Sie schon hier sind.
Das hier ist der Geschäftsführer von Team Singco, Yiyoung Ahn.

Was?
Von Team Singco, wirk-lich?
Ah, ja!
Ich sollte meine Mütze abnehmen und sie anständig begrüßen.
Freut mich Sie kennenzu-lernen, Präsi-dentin Song.
Swt
Strahl
Ich bin Yiyoung Ahn vom Team Singco.

Das hier ist der Geschäftsführer?
Direktor Kang, ich habe mich entschieden.
...
Das Model der Werbekampagne ...
... der SJ-Corporation App ...
... wird Herr Ahn!
Wusch

Frau Präsidentin, ist das nicht etwas zu viel des Guten?
Zu viel? Wieso? Unsere Firma versucht doch ihr Image zu verjüngen.
Kennen Sie eine bessere Werbefigur für die Kampagne als den Studenten, der die App selbst mit entwickelt hat?
Aber ich bin doch nur ...
Und schauen Sie sich doch mal sein Gesicht an! Wie kann man das verstecken? Ernsthaft! Sehen Sie genau hin!
Also, wie finden Sie es, Direktor Kang?
Wupp
Hm? Sein Gesicht! Sagen Sie Ihre ehrliche Meinung!

Umwerfend ...
!!!
Sage ich doch!
Hey, wo ist der Regisseur hin? Youngchul! Bring ihn her!
Ja, Frau Präsiden-tin.
Ähm, also ... ich ... meine Meinung ...
Was geht hier gera-de ab?
Und was hat er über mein Gesicht gesagt?
Warum hat er das ...

Herr Direktor, schauen Sie! Dieser junge Mann dort.
Er war noch nie vor der Kamera, dabei ist er so hübsch!
Was meinen Sie? Kriegen Sie das mit ihm hin?
Wow! Kein Problem! Nichts leichter als das.
Nicht wahr?!
Ich werde Ihnen erst einmal das Storyboard zeigen.
Assis-tenz, das Skript, bitte!
Ach, das? Ich habe es bereits ge-lesen.
Grusch

Das hat man mir schon gegeben.
Wow, sind Sie gut vorberei-tet! Dann fangen wir gleich mit dem Make-up und Hair-styling an!
Sagt der Requisite Be-scheid, dass wir ein neues Model haben. Wir müssen seine Kleidung anpassen!
Der Dreh heute kann stattfinden! Alle bereit machen!
Hier waren Sie also, Herr Direktor.
Ja.

Nehmen Sie heute Abend am Empfang im Hotel OO teil?
Leider nein. Ich habe bereits andere Pläne.
In Ordnung, das werde ich so weitergeben.
Wird Herr Ahn anstelle des ursprünglichen Schauspielers die Werbung filmen?
Ja, die Präsidentin hat das vorgeschlagen.
Es ist etwas ungewöhnlich, aber es sollte kein Problem darstellen.
Mich hat sie immerhin auch so eingestellt. Sie hat ein sehr gutes Auge für die richtigen Leute.
Ja, ich verstehe.

Ich habe bald ein Meeting mit der Firma XX. Lassen Sie uns gehen.
Herr Direk-tor.

Noch einmal vielen Dank, dass Sie kein Geld für die Reparatur Ihres Autos verlangt haben.
Nicht der Rede wert.
Wird von der Versicherung bezahlt.
Ich soll Ihnen auch von meiner **Ex-Freundin** vielen Dank ausrichten.
Was wollen Sie damit erreichen ...
... dass Sie mir plötzlich persönliche Details über sich verraten?
Nur Sie beide, an diesem einsamen Ort?
Ich habe mit Ihnen eines meiner Geheimnisse geteilt, damit Sie mir im Gegenzug auch eins erzählen.
Was haben Sie an dem Tag zusammen mit Herrn Ahn gemacht?
Tock

Treiben Sie es nicht zu weit, Frau Cha!
Ich glaube, es würde Sie eher stören, wenn ich nicht nachfragen würde, oder?
Ding
Hah!
Ich gebe zu, dass Herr Ahn und ich ...
... keine normale Beziehung haben.

Aber das Projekt ist noch nicht fertig und ich habe noch nicht einmal Herrn Ahns Meinung dazu gehört, deswegen spekulieren Sie bitte nicht.
Reicht Ihnen das?
Heißt das ...
... Sie haben etwas miteinander?
Habe ich es mir doch gedacht!
Ja, Herr Direktor.
Oho! Heißt das, Ihre Verabredung heute Abend ist ...?
Noch ein Wort und ...

Also! Jetzt bitte einmal lächeln, smile!
Smi...
Cut!
Ist das schwer!
Yiyoung, hast du eine Partnerin?
Nein!
Was?! Wie kann das sein!
Ich habe aber viele Freundin-nen.
Gibt es dann jeman-den, denn du magst?
Versuch einmal an diese Person zu denken.

Es scheint nicht gerade gut zu laufen ...
Wimmer
Nein, damit kann ich arbei-ten!
Stell dir vor, dein Herzblatt sitzt hier und feuert dich an. »Yiyoung, ich habe gar nicht gewusst, dass du so sein kannst! Du bist so cool!«
Seinet-wegen habe ich sehr viel geweint ...
... aber jetzt werde ich ihn ver-gessen ...

Aber warum hat er ...?
Also, wie finden Sie es, Direktor Kang?
Umwerfend ...
Okay! Genau das ist es!
Behalte das Gefühl im Kopf und weiter geht's!

Wenn Sie fertig sind, können Sie Feierabend machen, Frau Cha.
Dann werde ich jetzt nach Hause gehen.
Einen schönen Abend, Herr Direktor!
Gute Arbeit!

Wir sehen uns morgen um 8 Uhr!
Ja, Herr Regisseur!
Wow, ich bin echt k.o.!
Aber morgen werden noch Extraaufnahmen gemacht. Uff, bin ich müde!
Haah ...
Ach, stimmt ja. Ich muss Direktor Kang schreiben.
23:29
Ugh! Wie ist es denn so spät geworden?!
Gwt
Soll ich mich dennoch bei ihm melden?
Was soll ich nur machen?
Nein.
Ich werde ihn morgen anrufen.

Er ist vermutlich schon zu Hause.
Vielleicht schläft er bereits.
Oder es kann sein, dass er es vergessen hat.
Hm?
Tapp

Wenigstens vor dem Dreh sollte ich mich melden.
Jetzt am Morgen dürf-te ich ihn nicht stö-ren, oder?
Was schreibe ich nur? Sorry, dass ich Sie habe warten lassen?
Aber das hat er doch bestimmt nicht ...
Yi-young!
Der Dreh beginnt.
Ja, ich komme.
Das Auto steht be-reit, Herr Direktor.
Alles klar, ge-hen wir.

Herr Ahn soll gestern bis tief in die Nacht gedreht und heute Morgen ...
... in aller Früh noch Extraaufnahmen gemacht haben.
Vermutlich hatte er keine Zeit für den Direktor?
War ich zu unsensibel?
Entschuldigen Sie, Herr Direktor. Ihre Geschäftsreise ist ja zwei Wochen lang ...
... haben Sie Ihre Pflanzen gegossen?
Ich habe keine.
Uff! Ich nehme an, sie haben sich nicht getroffen.
Cut!
Mittagspause!
Esst was und dann weiter!
Endlich eine Pause!
Ich muss ihm schnell schreiben.
Guten Hunger!
Swusch

Entschuldigung, dass ich mich gestern nicht gemeldet habe. Der Dreh ging sehr lange.
Ich werde Ihnen schreiben, sobald die Extraaufnahmen erledigt sind.
Das sollte reichen …
… und abgeschickt.
Entschuldigung, dass ich mich gestern nicht gemeldet habe. Der Dreh ging sehr lange. Ich werde Ihnen schreiben, sobald die Extraaufnahmen erledigt sind.
Flugzeugmodus
… wir bitten Sie darum, Ihre elektronischen Geräte entweder auszuschalten oder in den Flugzeugmodus zu schalten.
Vielen Dank für Ihr Verständnis.

2 Wochen später
Sehr geehrte Damen und Herren. In ungefähr 20 Minuten erreichen wir den Incheon International Airport.
Momentan haben wir 9 Uhr 10 Ortszeit in Seoul. Das Wetter ist sonnig mit angenehmen 20 Grad.
Wie wäre es mit scharfem Essen zum Mittag, Herr Direktor?
So was wie Tofueintopf?
Warum nicht?
Ah, die Spielewerbung mit Herrn Ahn wurde veröffentlicht.
Haben Sie sie schon gesehen?
Tadaaa

Tadaa
Pling
Pfft!
Gefällt es Ihnen, Herr Direktor?
Nun ja, nicht schlecht.
Ähem
Danke schön.

Tofueintopf ist aber nicht sonderlich scharf.
Dann suchen Sie etwas aus, Frau Cha.
Ich werde mich erst einmal umziehen.
Treffen wir uns do...
?
Ta
daaah

Herr Ahn?
Herr Direktor ...
... was hat das zu bedeuten?
Warum sind hier ...
... so viele Bilder von Herrn Ahn?

Wir möchten Ihnen das neue Gesicht der SJ Corporation vorstellen.
Das ist die Firmenwerbung …
Warum ist Herr Ahn …?
Wow! Wer ist das?!
Unglaublich! Ist das nicht ein Promi?
Wie hübsch er ist!
Den kenne ich noch nicht!
Er sieht echt verdammt gut aus. Googel ihn mal!
Was genau …
… ist während meiner Geschäftsreise passiert?
Es sind doch nur zwei Wochen vergangen?

On or Off

Verzeihen Sie die späte Antwort. Ich bin die nächsten zwei Wochen auf einer Geschäftsreise im Ausland. Sobald ich zurück bin, werde ich Sie kontaktieren.
Zwei Wochen später ... das ist heute.
Ob er bereits angekommen ist?
Ich habe doch gesagt, das ist er!
Entschuldigung.
?
Sind Sie das vielleicht?

Argh!
Oh, ah ... äh, das ...
Heute muss die Werbung herausgekommen sein!
Ja, stimmt! Er ist es!
Wow, echt!
Sind Sie ein Schauspieler?
Was? Äh, nein ...
Sie sind garantiert ein Sänger, oder?!
Nein, nein!
Dann vielleicht ein Popstar?
Könnten wir ein Foto mit Ihnen machen?
Bitte geben Sie mir ein Autogramm!
Haben Sie Instagram?
Sorry!
Mein Bus ist da!
Wusch

Hechz
Hechz
Argh!
Wie viel hat die Präsidentin bitte in die Werbung investiert?
Wir werden es überall aufhängen!
Sie ist echt gruselig …
Und das ist nicht der richtige Bus, aaaahhhh!!
Wie schaffen es diese ganzen Menschen nur, mich zu erkennen?
Taumel
Haah …
Marke

Geschäfts-führer Ahn! Guten Tag!
Haben Sie die Werbung gesehen? Sie ist viral gegangen! Die Nachfragen bezüglich der Veröffentlichung des Spiels häufen sich bereits!
Ihre Person trendet gerade im Internet!
Mein lieber Herr Ahn!
Dürfte ich kurz Ihre Hand berühren?
Kommt schon …
… lassen wir ihn hochleben!
Wie bitte?!
Nein, schon gut!

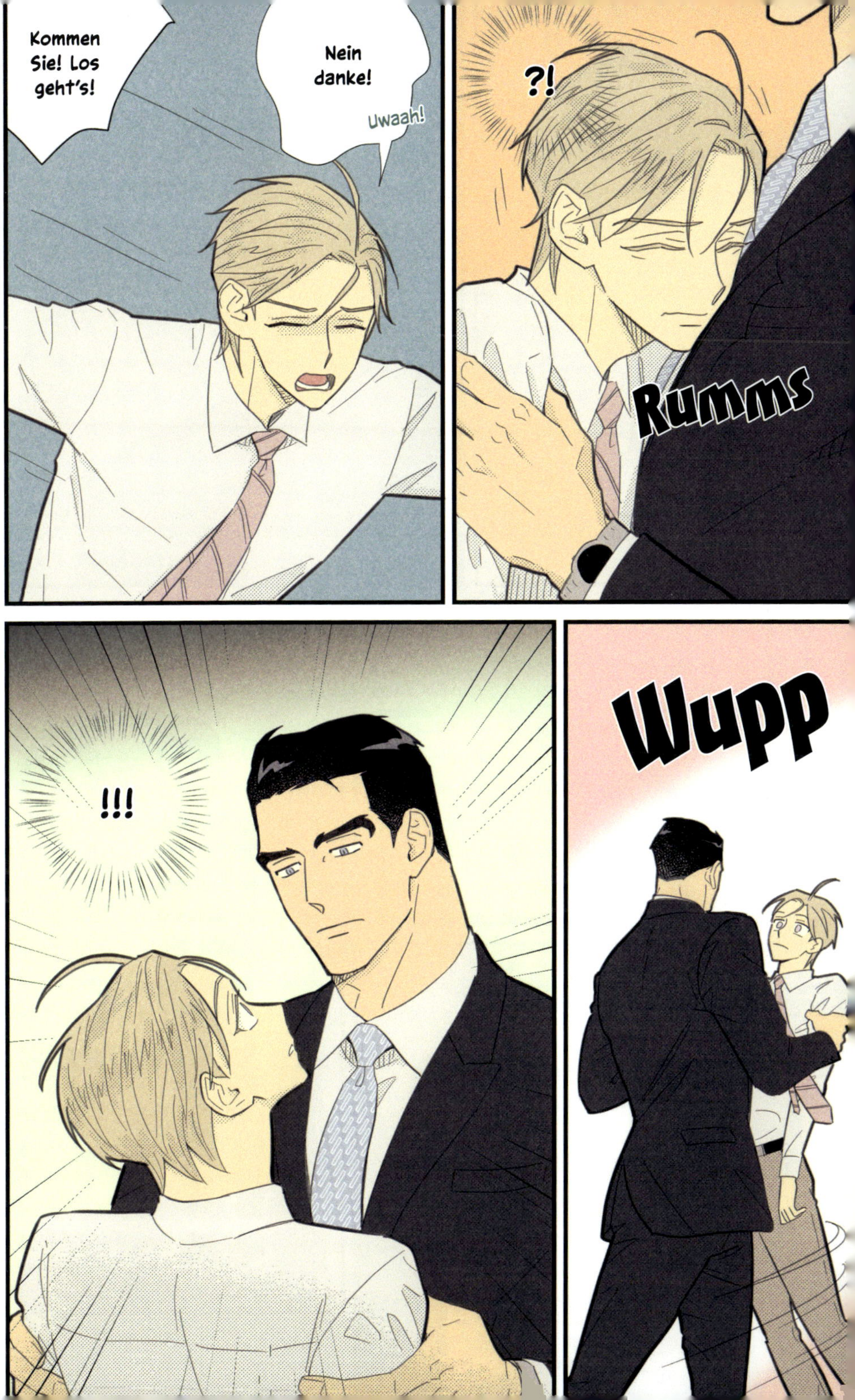
Kommen Sie! Los geht's!
Nein danke!
Uwaah!
?!
Rumms
!!!
Wupp

Was genau ...
... treiben Sie hier gerade?
Guten Tag, Herr Direktor! Wissen Sie, Herrn Ahns Werbung ...
Argh ... H... Herr Direktor!
... ist viral gegangen, deswegen wollen wir ihm nur unsere Glückwünsche mitteilen.
Wir haben alle zusammen unser Bestes gegeben, nun ...
Bravo!
Ja, das habe ich auch schon mitgekommen.
Vielen Dank für Ihre harte Arbeit, trotzt des knappen Zeitplans.
Vor allem Sie, Frau Lee. Sie haben sehr viel geleistet.

Die Feier ist hiermit erst einmal beendet.
Ich habe Herrn Ahn etwas zu sagen, deswegen werde ich ihn mitnehmen.
Wollen wir?
Über was will er mit mir reden?
Über die Werbung? Die Veröffentlichung des Spiels?

Wann haben Sie Zeit?
Was?
Haben Sie schon verges-sen, dass Sie gesagt haben, Sie werden sich mit mir tref-fen?
Nein!
Ich habe es nicht verges-sen!
Wie wäre es mit heute Abend?
Äh … Heute ha-be ich …
… ein Team-meeting, also …

Morgen?
Da habe ich ein Inter-view.
Über-morgen?
Da habe ich bereits mit einer anderen Fir...
Wann ...
... bin denn ich an der Reihe?

W... Was?
Am Freitag ...
... da habe ich Zeit.
Wie klingt Freitagabend für Sie?

18 Uhr?
Wie seltsam ...
In Ordnung, 18 Uhr passt.
Irgendwie wirkt es ...
... als wäre der Direktor nervös?

Bis dann.
Ja.
Yiyoung Ahn.
Nachdem es mit Direktor Kang nicht geklappt hat, habe ich erwartet, dass Yiyoung niedergeschlagen sein wird.

Da bist du ja.
Deswegen bin ich zum Team zurückgekommen.
Hallo, Mina.
Aber wie es aussieht ...
Baut ihr die Computer auf? Soll ich auch helfen?
Nein.
Fass ja nichts an!!
Hi hi
... scheint er okay zu sein.
Stattdessen ...
Habt ihr das Interview für das Launch Event geübt?

N... Nein? Allein vom Gedanken kriege ich Bauchweh ...
Mach du das Interview, Yiyoung. Du bist immerhin unser Geschäftsführer!
Du siehst gut vor der Kamera aus!
Ja, ja!
Das neue Gesicht der SJ Corporation!
Tofu, marsch!
Ach, du bist sogar in einer Zeitschrift! Hast du es gesehen?
Wie ein richtiger Promi!
Ach was! Ich bin doch kein Promi ...
... habe ich eine andere Unsicherheit entdeckt.
Gngh
Mürrisch
Mir wurde gesagt, dass ein Interview mit Herrn Ahn in einer Zeitschrift erschienen ist ...
... aber das ist ja nur eine Fotostrecke.

Frau Cha.
Verschieben Sie all meine Termine am Freitagabend, bitte.
Verstanden.
Trifft er sich da etwa mit Herrn Ahn?
Ähm ... Herr Direktor, Herrn Ahns Werbung ist wirklich ein totaler Erfolg.
Seine lockerflockigen Schritte verraten ihn.
Nun ja ... Scheint, als hätten wir es geschafft, damit Aufmerksamkeit zu erlangen.
Sogar diese Zeitschrift ha...
Aber ich bin etwas skeptisch wegen der ganzen Sache.
Es wurden keinerlei Events oder Projekte für diesen Fall geplant. Wir müssen uns schnell etwas überlegen.
Oh? Ja ...

Außerdem bin ich mir nicht sicher, ob es richtig war, einen normalen Menschen wie Herrn Ahn in die Öffentlichkeit zu zerren.
Er hat sogar eine Werbung für die SJ Corporation gedreht.
Ich weiß nicht einmal, ob er für diese überhaupt einen Vertrag hat.
Und dann wird sie auch noch überall gezeigt.
Ach, lassen Sie mich den Werbevertrag selbst prüfen.
Bitte bringen Sie mir eine Kopie.
Gut.
Legen Sie ihn einfach auf diesen Stapel und machen dann Feierabend.
Ich werde auch nach Hause gehen und dort alles beenden.
Ich bin müde.
Verstanden, Herr Direktor.

Hm?
Was ist das für ein Magazin?
Das hat garantiert Frau Cha dazwischen versteckt …

In ihm steckt …
Hätte ich vielleicht doch etwas dagegen sagen sollen?
… ein richtiges Model.
Nicht, dass er deswegen …
… sein Projekt vernach-lässigt?

Herr Ahn …
Was wollen Sie mir sagen?

Ah, das ...

Swp
Haah ...
Wupp
?
Slk

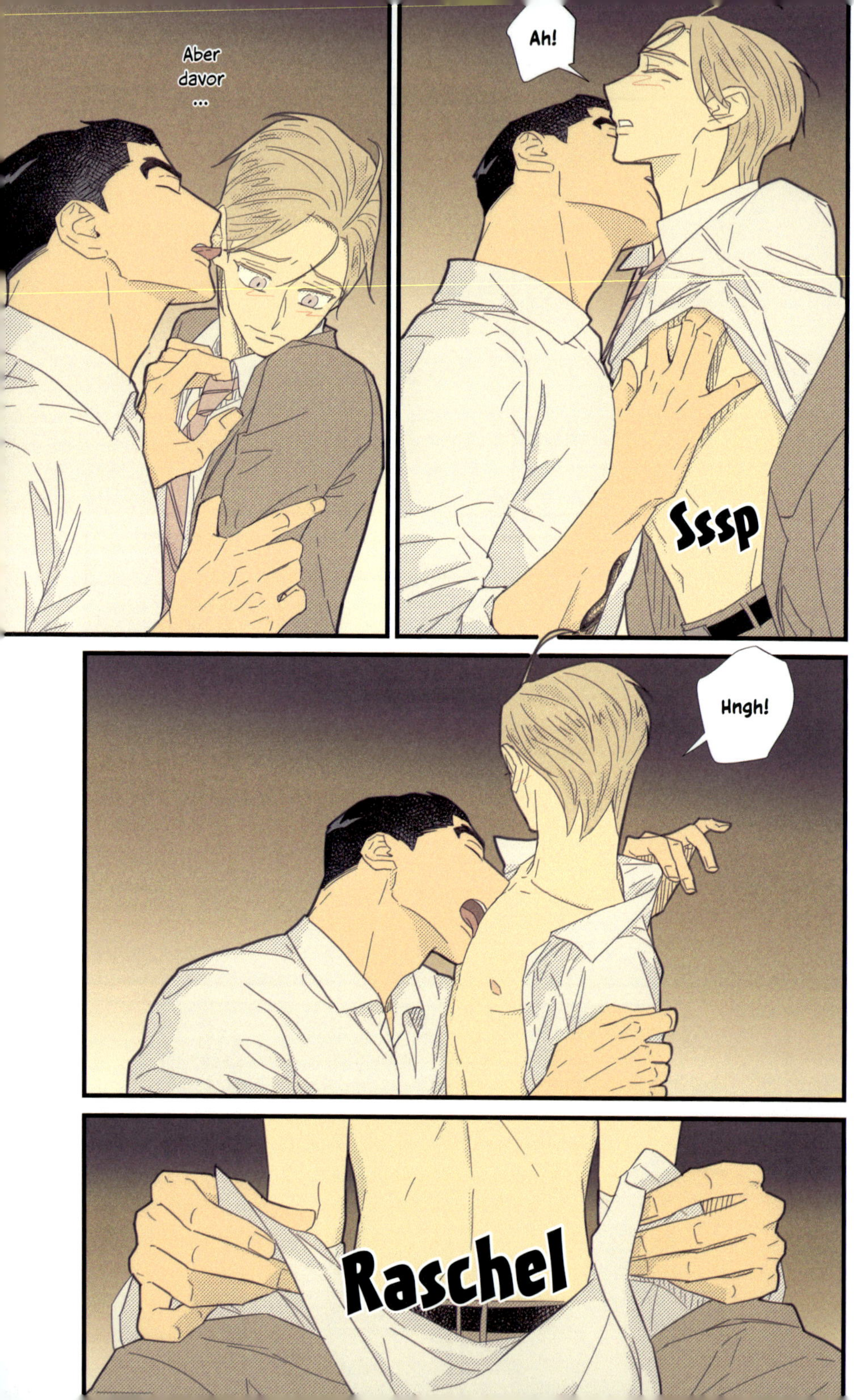
Aber davor ...
Ah!
Sssp
Hngh!
Raschel

Ah
...
...
muss ich
mich erst ein-
mal um etwas
Dringenderes
kümmern.

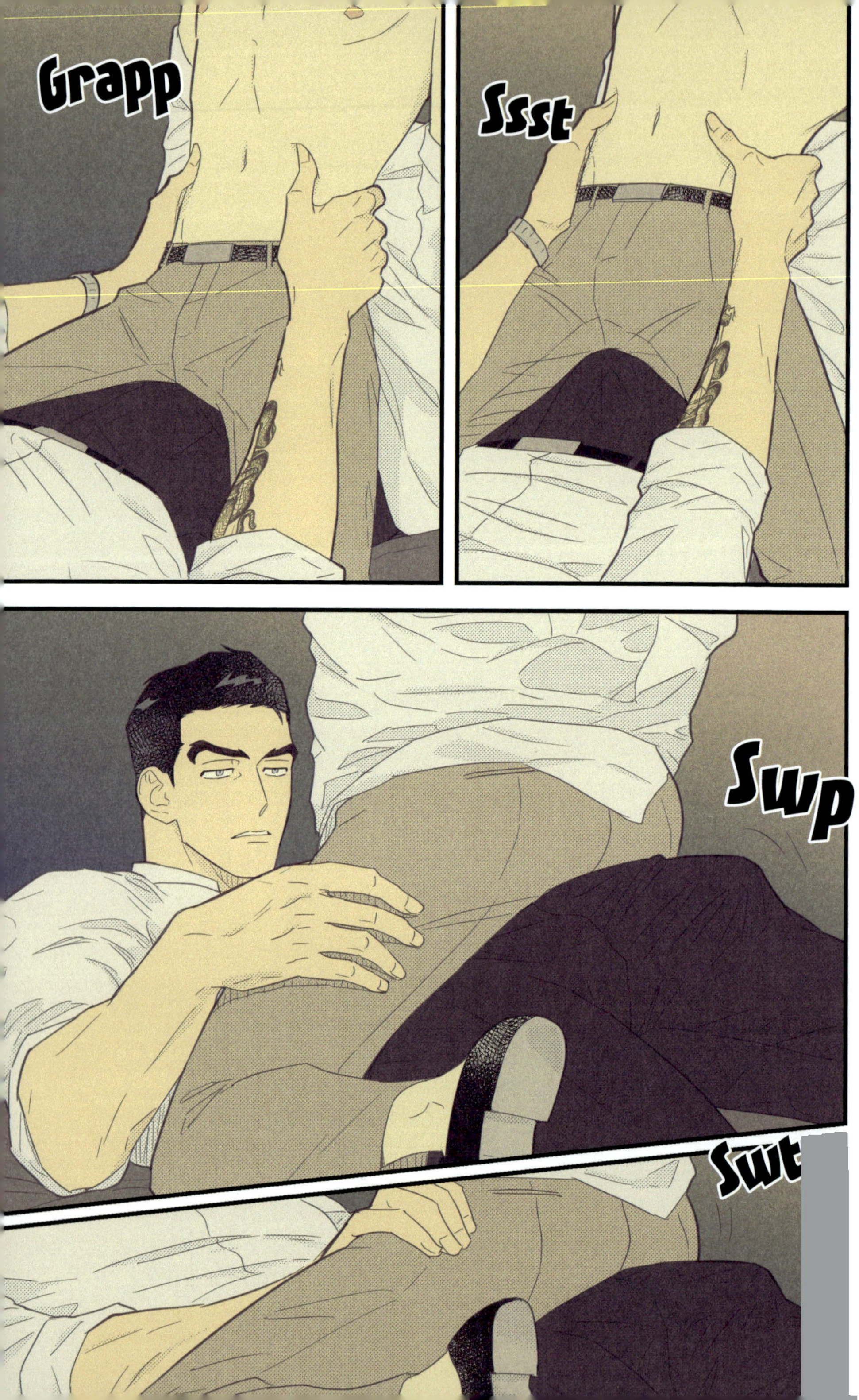
Grapp
Ssst
Swp
Swt

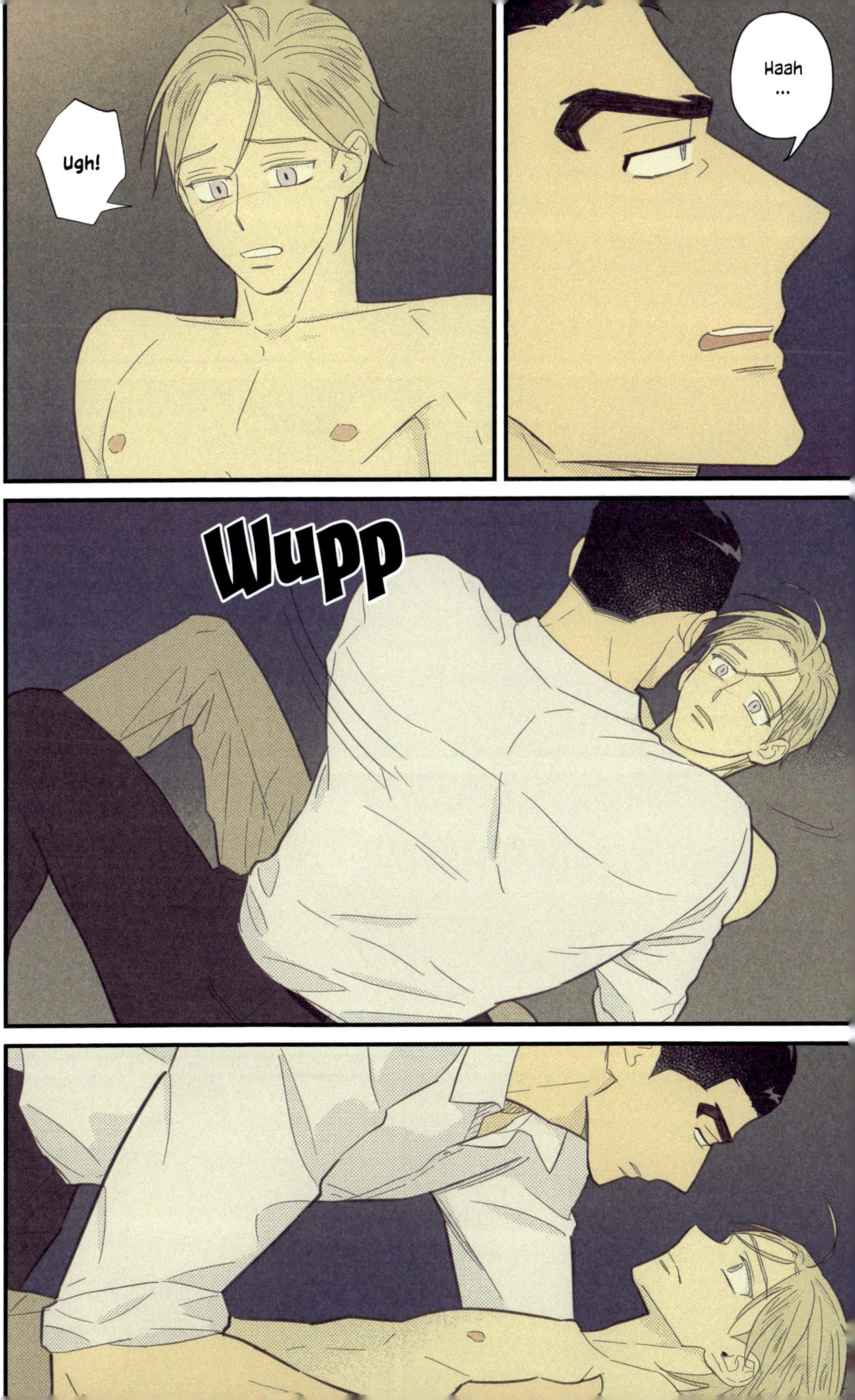
Haah ...
Ugh!
Wupp

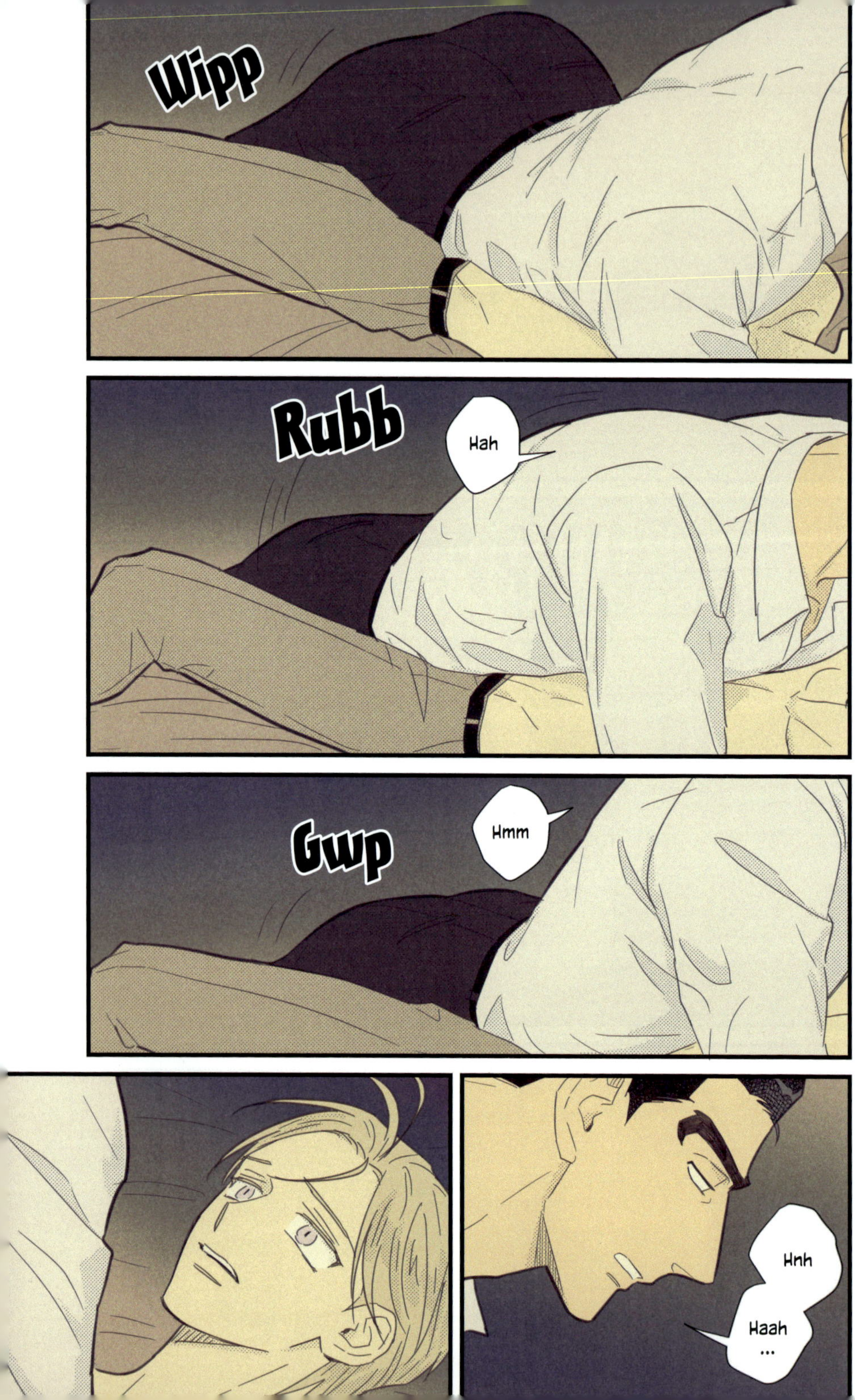
Wipp
Rubb
Hah
Gwp
Hmm
Hnh
Haah
...

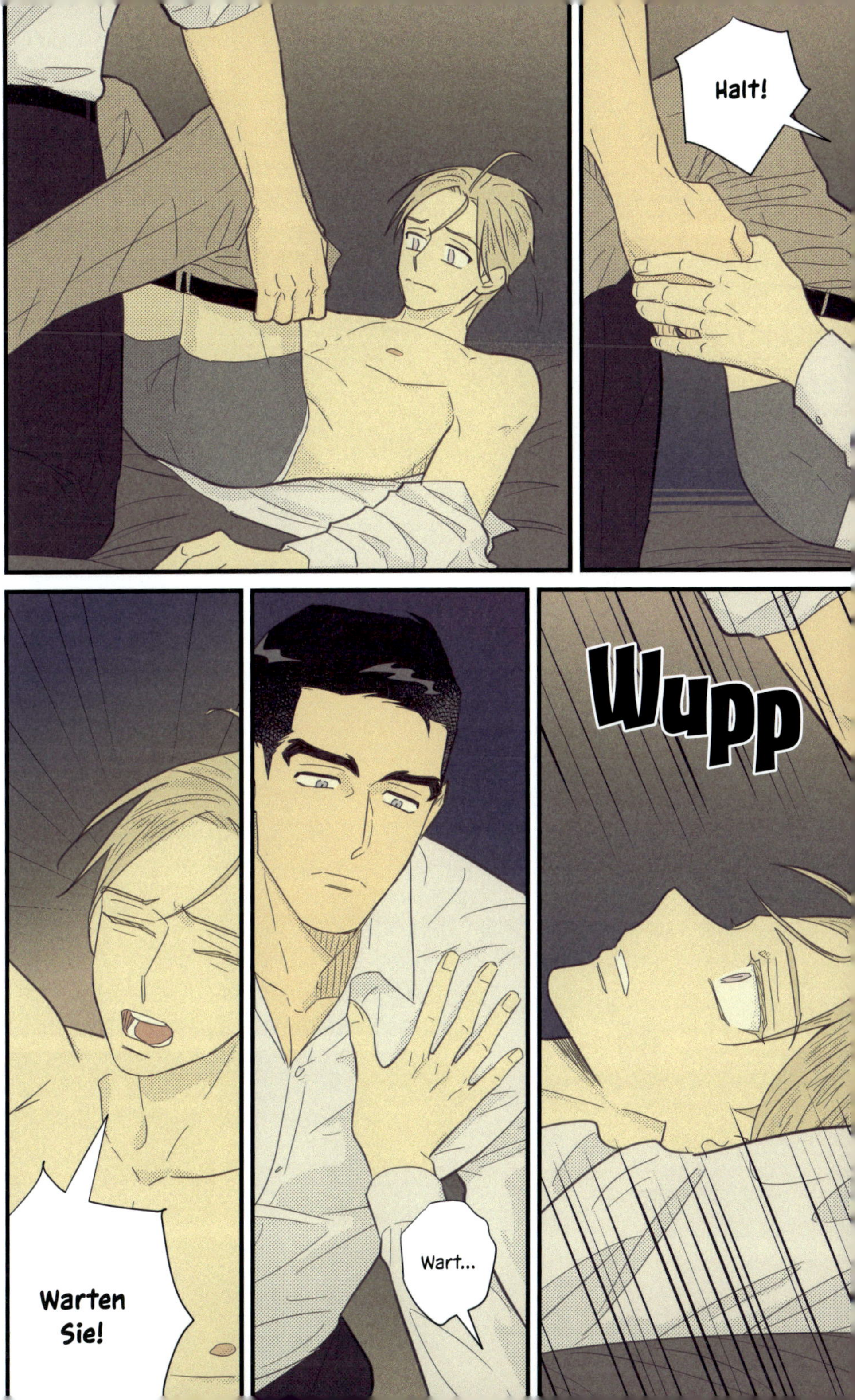
Halt!
Warten Sie!
Wart...
Wupp

Gwapp
...

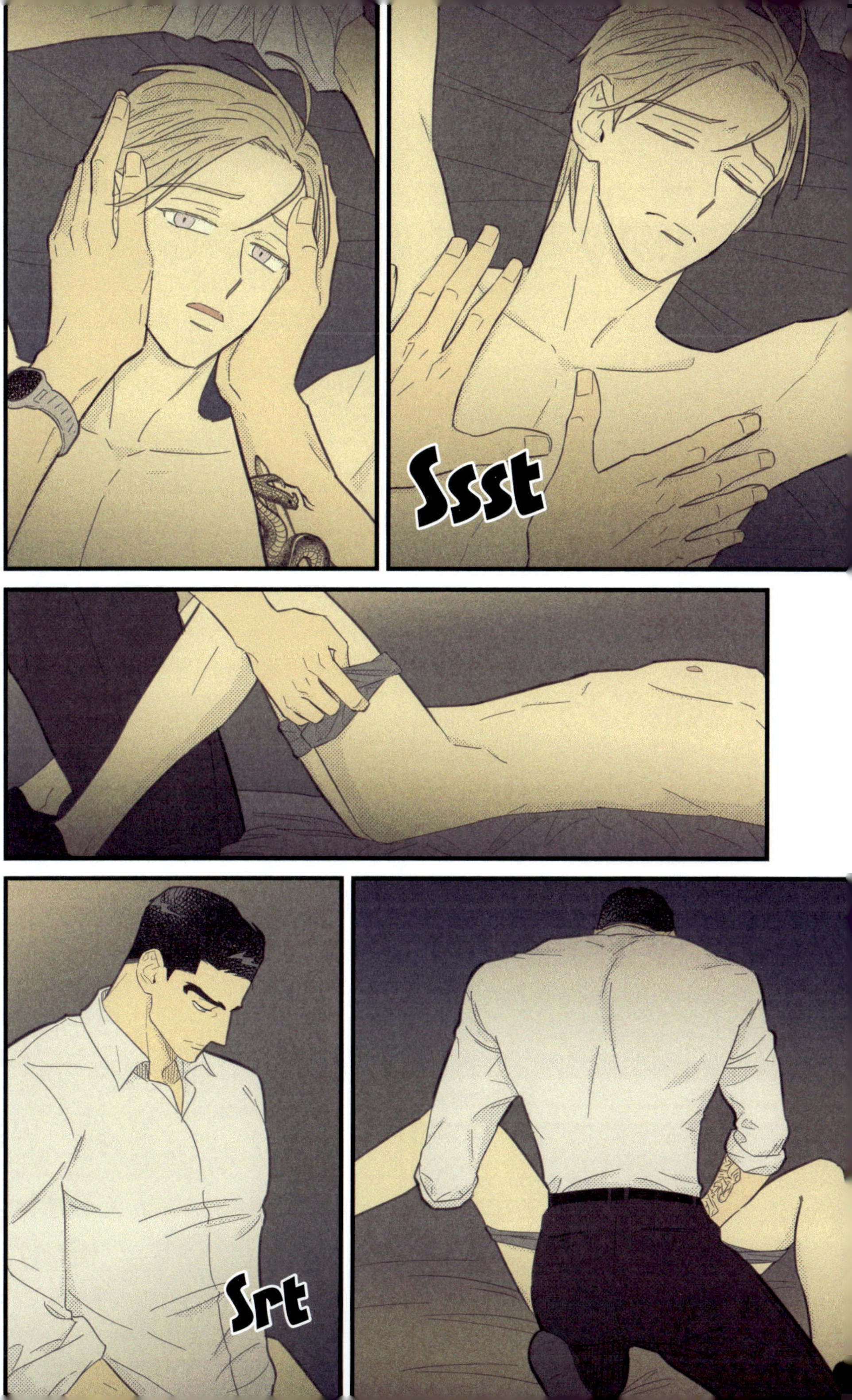
Ssst
Srt

Tschupp
Hngh!
Ni...cht ...
?
Hat er etwas gesagt?
B... Bitte ...
Bitte nicht!

Hm? Ein Traum?
?
...
Was soll das ...
Hach, ist das er- bärmlich ...
Ein feuchter Traum in mei- nem Alter?

Fssssch
Dadamm
Liegt es daran, dass ich müde bin?

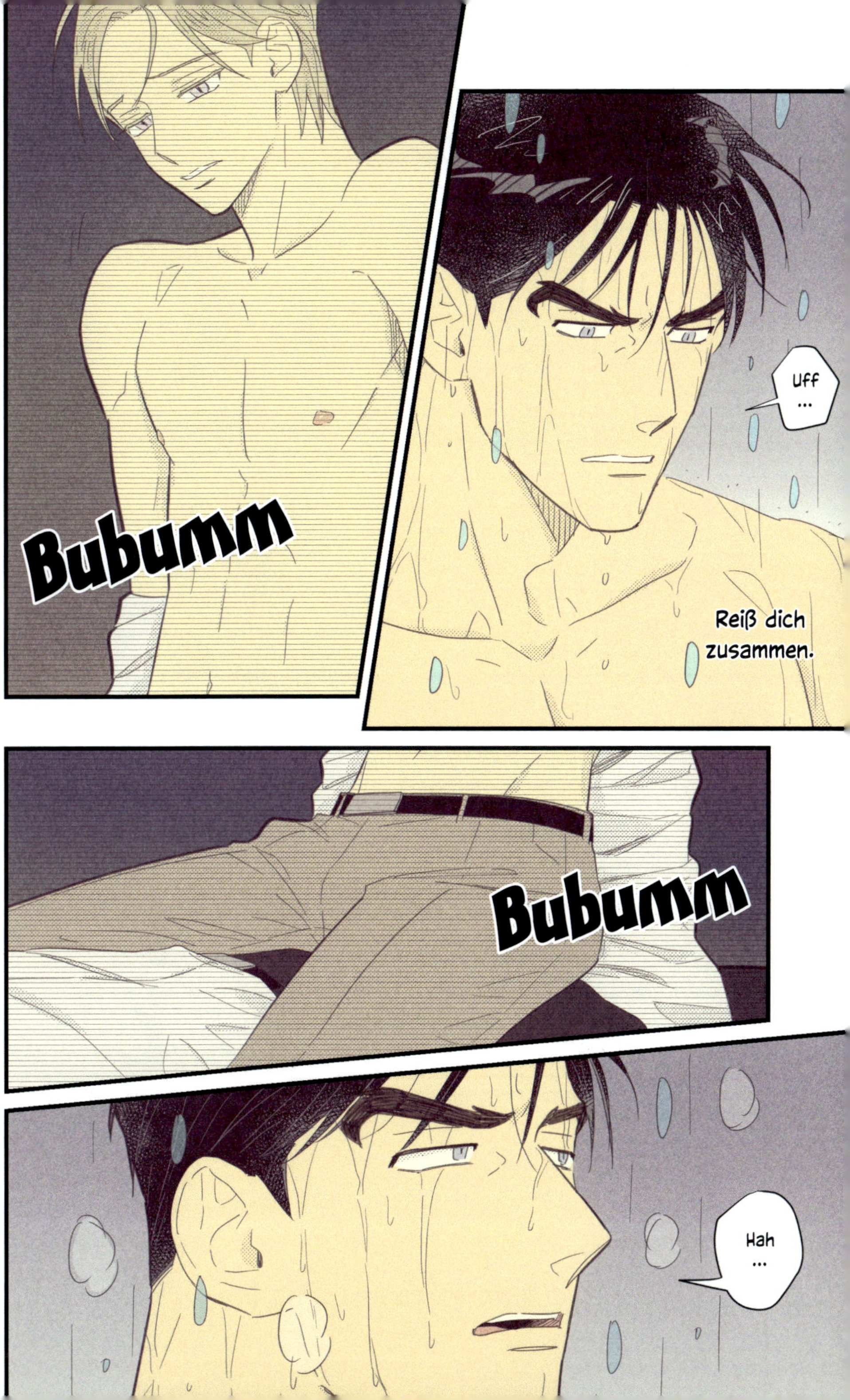
Bubumm
Uff …
Reiß dich zusammen.
Bubumm
Hah …

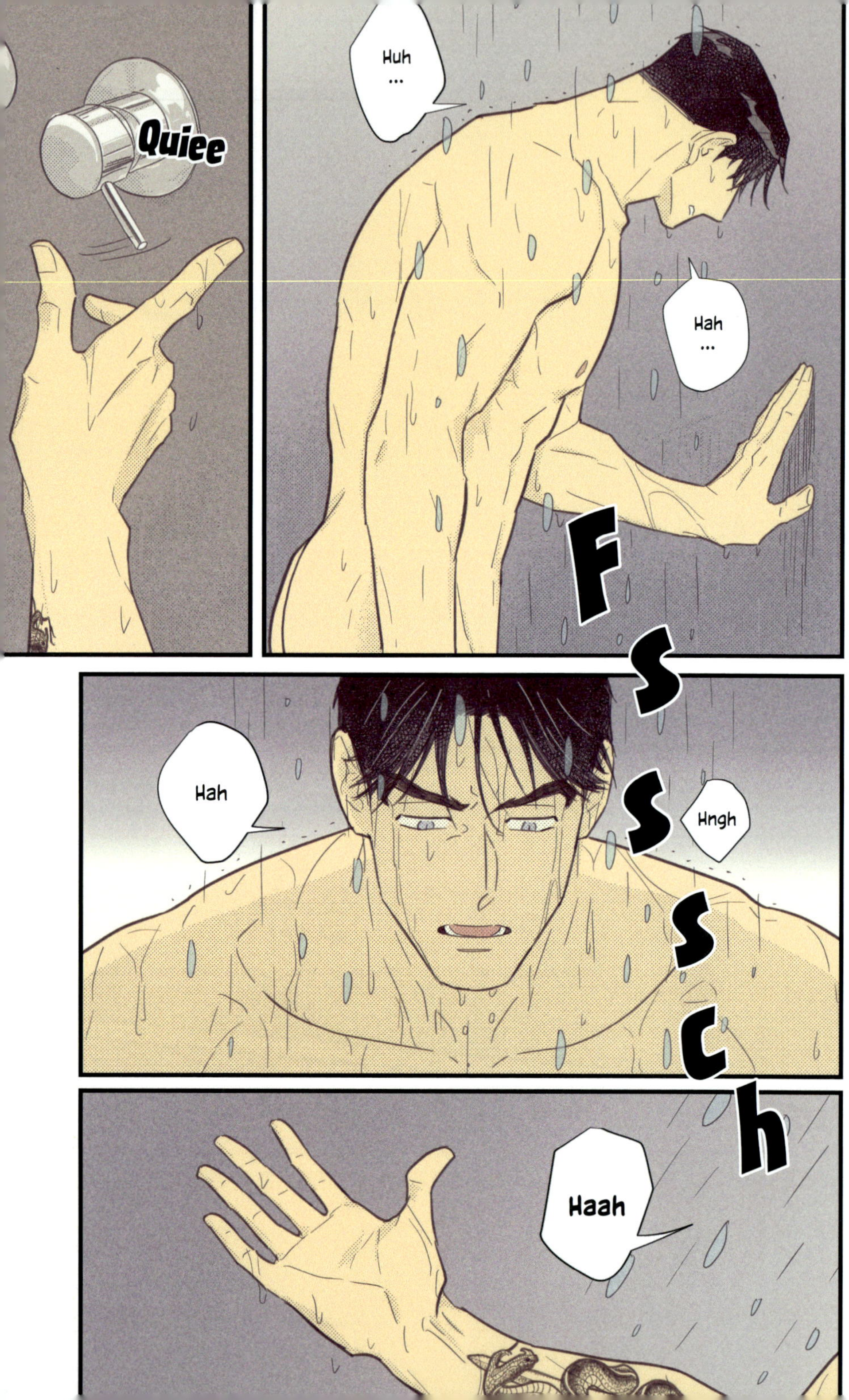
Quiee
Huh
...
Hah
...
Fssschh
Hah
Hngh
Haah

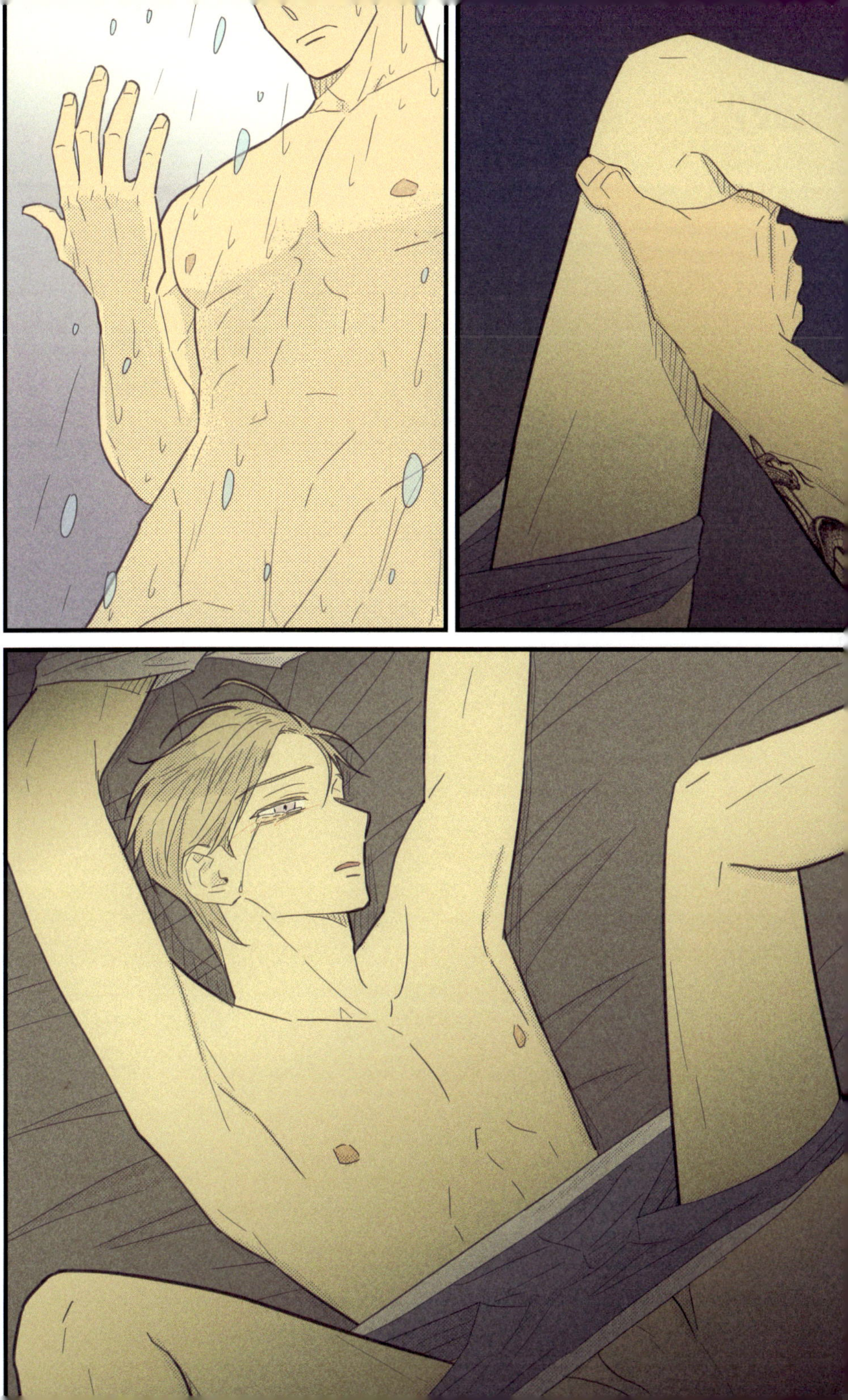

Gwpp
Fsssch
Bwoam
Bwoam

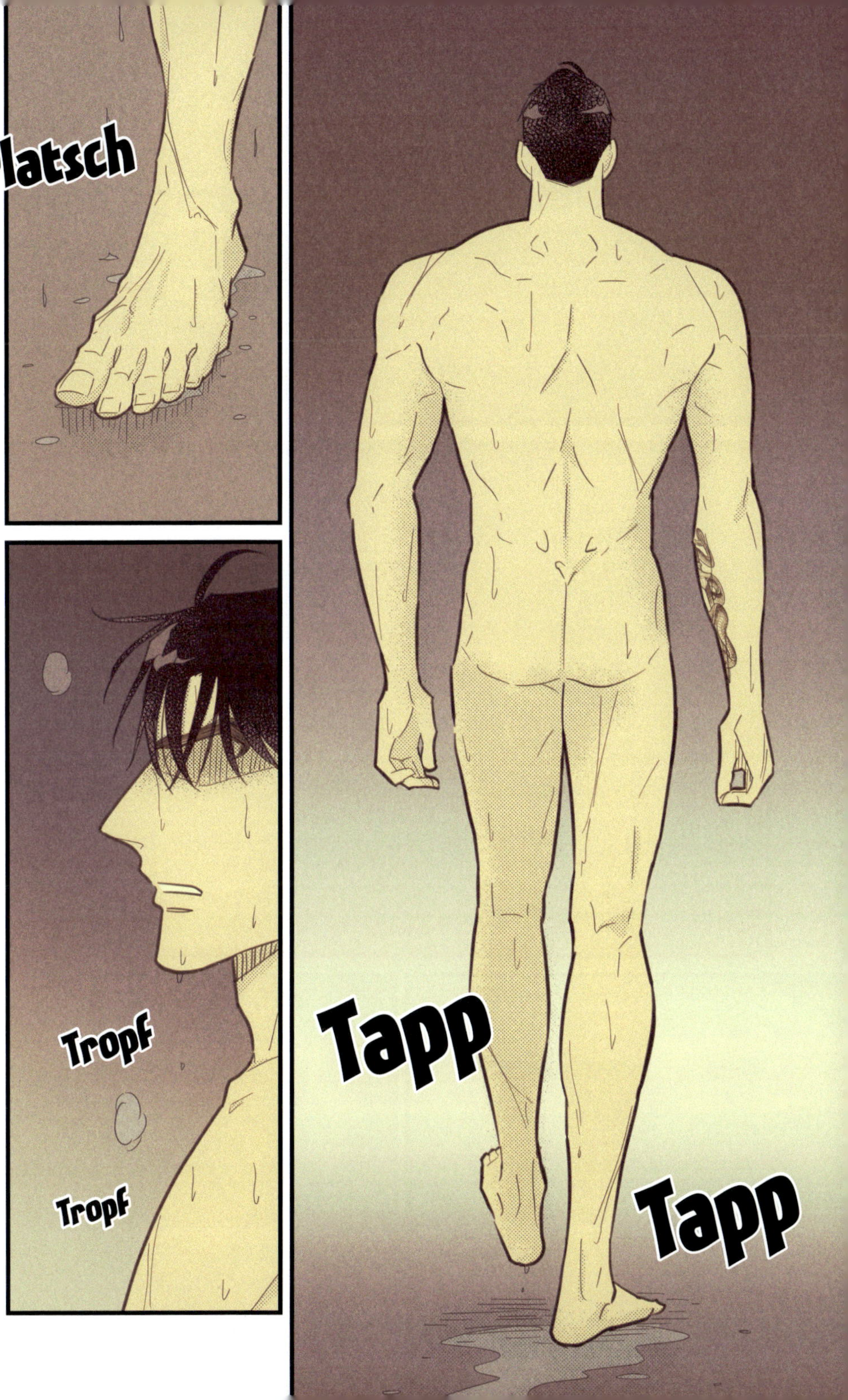
Platsch
Tropf
Tropf
Tapp
Tapp

Flapp
Haah...
Gnn
Sssp

Haah
Hah
Das Korruptionsgesetz.
Hngh!

Puuh
...
Tropf
Tropf
Wackel

Direktor Kang.
Denken Sie an mich, während Sie sich einen run-terholen?

Hm?
Muah
Schmatz
!
...

Slt
Slt
Slt
Slt
Slt
Slt
Slp
Ah
...
Gwp
Kgh
...

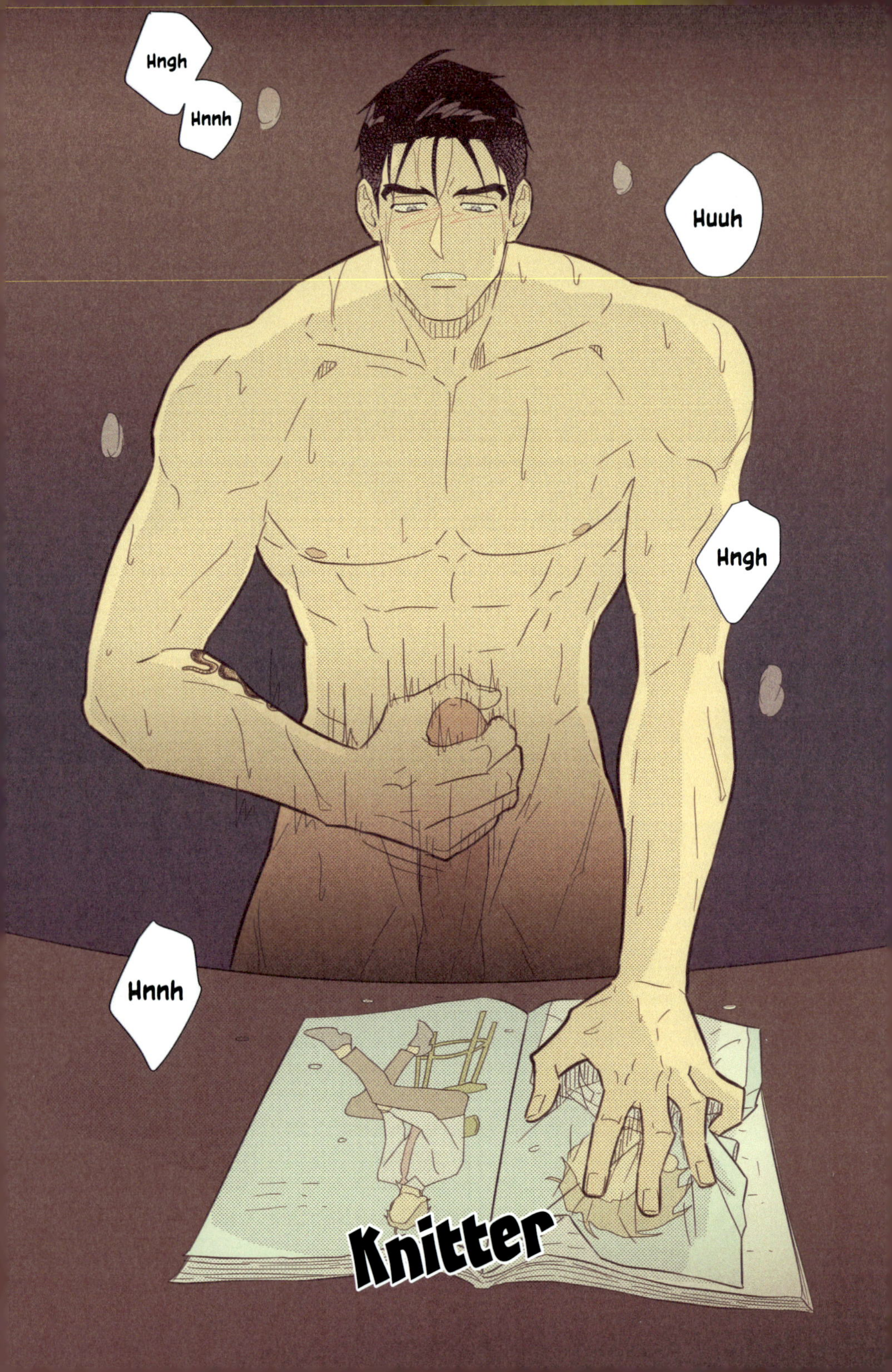
Hngh
Hnnh
Huuh
Hngh
Hnnh
Knitter

Sltsch
Sltsch
Haah …
Sltsch
Sltsch
Slp
Haah …
Hngh
Splt

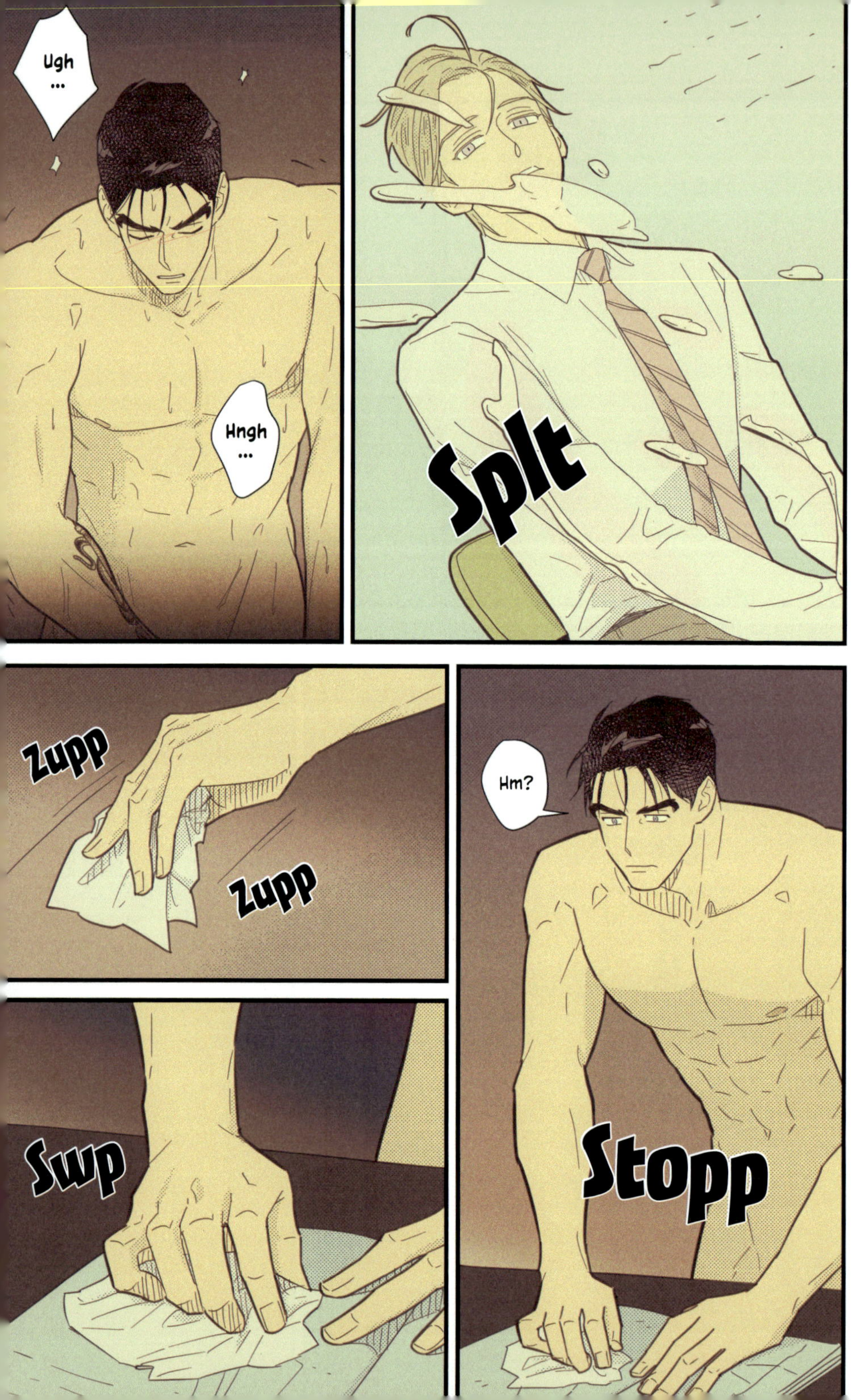
Ugh ...
Hngh ...
Splt
Zupp
Zupp
Hm?
Swp
Stopp

Was ...
... mache ich hier gerade?
Ich habe alles über-prüft.
Nun müssen wir noch das Quellenverzeich-nis anlegen und dann sind wir fertig.
Gute Arbeit, all...
?
Yiyoung, wirst du jetzt be-rühmt?
Wie ein richtiger Promi?

Ach, nein. Sicher nicht.
Warum?
Wieso?
Mir macht meine jetzige Arbeit Spaß.
So langsam habe ich den Dreh raus ...
... deswegen möchte ich ...
... mich dabei besonders ins Zeug legen.
Wow! Du bist echt cool!
Mich auch!
Stelle mich später in deiner Firma ein, okay?
Oh! Da muss ich erst einmal Mina fragen.
Haha

Wie
...
Warum
behandele
...
...
ich sein
Bild so?
Was
möchte ich
mit ihm
tun?

Und da-nach?
Werde ich eine sexuelle Gegenleistung dafür bekom-men?
Aber ich habe doch …
… gar nichts verspro-chen?
Vielleicht sollten Sie solche Dinge erst gar nicht versuchen.
Derart dreckige Tricks.
Das habe ich getan.

Und jetzt will ich plötz-lich gut sein?
Zu ihm?
Knitter
...
so jemand wie ich über-haupt?
Kann das
...

On or Off

Kapitel 6

On or Off

On or Off

Herr Direktor.
Das hier ist der Plan für das Spiele-Launch-Event ...
Hm?
Er ist sehr ori-ginell.
Endlich macht die Marketingabtei-lung ihre Ar-beit richtig!
Tapp
Ist das von Leiterin Lee?
Nein.

Herr Ahn hat diesen Plan entwi-ckelt.
Er hat ihn gerade eben abge-geben.
Er hat ge-sagt, er würde sich freuen, wenn Sie es sich kurz anschauen kön...
Schwupp
Oha! Was war denn das?
Quieetsch
!

Leer ...
Peinlich
Was mache ich gerade? Das ist erbärmlich!
?
Blätter
Dadamm
? ? ? ?

Klopf
Klopf
Entschuldigung. Ist Herr Ahn h...
!!
!!
... hier?
Uwaaaaah!
Warum ...
Klacker
Klack
... suchen Sie ihn?
Klacker
Klack
Klack
Klack
Klack
Klack

Sein Plan ist wirklich beeindruckend.
Ich wollte ihm daher etwas Feedback geben.
Ich werde es ihm ausrichten.
Nein. Ich möchte es ihm selbst sagen.
Das geht nicht!
Was? Warum nicht?
Weil Yiyoung gerade nicht hier ist!
Ach so.
Dürfte ich dann fragen, wo er gerade ...?
Grrrrr
Schon in Ordnung.

Hm
...
Er hat nur den Plan abgegeben und ist dann irgendwo hingegangen.
Was soll das Post-it bedeuten?
Nein, es ist egal.
Ich gehe mir einen Kaffee holen.
?
Vermutlich bedeutet es gar nichts.
Solch eine Chance wird sich Ihnen kein zweites Mal anbieten.

Ähm, also Sie wollen mir ...
... eine Rolle in einer historischen Serie anbieten?
Genau! Ist das nicht der Hammer?!
Was für eine Rolle ist es denn?
Die des 14. Prinzen! Es ist aber kein großer Part.
Passt das nicht gut? Sie haben nicht viele Zeilen und es ist egal, ob Sie schauspielern können oder nicht!
Ab nächster Woche werden wir außerhalb der Stadt filmen. Aber keine Sorge, wir werden uns um Ihre Unterkunft und Verpflegung kümmern!
Sie haben doch nicht etwa gedacht, dass Sie die Hauptrolle bekommen, oder?
Ha ha ha ha
Nein, natürlich nicht.
Was?!

Wow ... Ach so. Vielen Dank für Ihr Angebot, aber ...
... ich habe noch Unterricht und ... also ...
Was? Zieren Sie sich etwa?
Oder sind Sie mit einer kleinen Rolle nicht zufrieden?
Wir haben haufenweise Bewerber für den Prinzen!
Wissen Sie nicht, wer unser Investor ist?!
Ich schätze, weil Sie neu im Gewerbe sind, kennen Sie sich nicht aus.
Nein, so meine ich das nicht.
Ich arbeite nur momentan zusammen mit meinen Freunden an etwas!

Ich habe meine Entscheidung bereits getroffen!
I... Ich ...
Herr Ahn?
Hä?
Direktor Kang?
Was tut er hier?
Und was noch viel wichtiger ist ...
... warum zieht er ...

...
so ein Furcht
einflößendes
Gesicht?
Herr
Ahn.
Was
machen
Sie hier?

On or Off

Ich bin Daehyung Kang.
Ich arbeite für die Firma, die mit Herrn Ahn zusammenarbeitet.
Ah, wir sind Teil eines Serienproduktionste...
Na ja, egal.
Ich habe das Meiste mitbekommen.

Ich habe Ihren Plan gelesen, Herr Ahn.
Was?! Ja?
Er ist äußerst beeindruckend.
Wirklich?
Wow! Freut mich, das zu hören.
Ich war mir bei einigen Sachen nicht sicher, zum Bei...
Aber Sie haben wohl kein Interesse daran, ihn auszuführen.
Starr
Da Sie ja anscheinend bereits mit anderen Dingen beschäftigt sind.

Bitte?
So ein Unsinn!
Ich glaube, Sie haben etwas falsch verstanden. Ich ...!
Schwupp
Moment, warum muss ich mich er-klären?
Außerdem bin ich gerade in einem Meeting!
Direktor Kang, könn-ten wir spä-ter darüber reden?
Ich bin gerade etwas ...
?!

Ssp
Ich schätze, ich war wohl zu sehr in Eile, mit Ihnen darüber zu reden.
Verzeihung.
Entschuldigen Sie mich, Herr Ahn.
Ah, kein Proble...
Dann werde ich jetzt gehen.
Wie erbärmlich ...
Weil Sie neu im Gewerbe sind, kennen Sie sich wohl nicht aus.

Wenn Sie in dieser Serie mitspielen, werden Sie über Nacht ein Star!
Er glaubt solchen aberwitzigen Versprechen doch nicht, oder?
Sie dürfen das hier nicht machen.
Bitte gehen Sie nach draußen!
Ich möchte nur Yiyoungs Gesicht sehen!
Genau! Und ich habe ihm Snacks mitgebracht!
Geben Sie es ihm bitte einfach!
Was sind das für Leute?
Ah, Herr Direktor?
Äh ... das ... ist der Fanklub von Yiyoung Ahn.
Das Model der neuen Werbung.

Entschuldigung. Ich werde es so schnell wie möglich regeln.
Fan...klub?
Wie konnte so schnell ein Fanklub entstehen?
Er hat doch nur zwei Werbungen gedreht.
Moment mal, ist das nicht ziemlich beeindruckend?
Dass er nach zwei Spots so viel Aufmerksamkeit erhält?
Offenbar ...
... hat er ein Talent, das mir bisher entgangen ist.

Stimmt, dafür dass es seine erste Werbung war …
… wirkt er sehr natürlich auf der Leinwand …
… und die Bilder sind auch …
Hah! An was denke ich schon wieder …

Genau, Herr Ahn könnte als Star groß raus-kommen …
… aber was wird dann aus unserem gemeinsamen Projekt?
Wird er den Rest seinen Teammitgliedern überlassen?
Heißt das, er wird seine Arbeit auf Eis legen?
Das kann ich nicht zulassen.
Hm …
Vielleicht sollte ich die Klausel in seinem Vertrag erwähnen und ihn davon abhalten, etwas anderes zu tun?
Ding Dong
Direktor Kang!
Direktor Kang!

Bubumm
Entschuldigen Sie wegen eben.
Sie wollten über meinen Plan reden.
Weil noch andere Personen da waren, konnten wir uns nicht unterhalten.
Aber morgen werden wir uns treffen! Lassen Sie uns doch dann unser Gespräch fortführen!
Die Verabredung steht doch noch, oder?
Ich freue mich darauf!
Genau, sie findet wie geplant statt.
Ich lasse einen Tisch in einem Restaurant buchen.

In Ordnung! Bis morgen.
Zufrieden
Hm ...
Frau Cha.
Kennen Sie ein Restaurant, das ruhig ist und in dem man sich gut unterhalten kann?
Ein privater, aber nicht zu abgeschotteter Ort mit guter Stimmung.
Ah, und es muss hier in der Nähe sein.
Das Essen muss auch gut sein und ... außerdem ...
Nick Nick

Also ein Restaurant, welches Herrn Ahn gefallen würde?
?!
Woher wissen Sie ...
... dass ich ihn morgen tref-fen werde?
Wie kann ich es nicht wissen!
Sie haben mich immerhin einen wichtigen Termin dafür verschieben lassen.
Wer sonst könnte es sein?
Es kann doch nur Ihr Angebeteter sein, der Ihr Herz auf-getaut hat.
Aber ich werde so tun, als ob ich nichts weiß.
Immerhin bin ich eine takt-volle Sekretärin, die ihren Chef nicht in Verle-genheit bringt.
Ich habe mich wohl getäuscht. Verzeihen Sie.
Ich werde ein passendes Restaurant he-raussuchen.

Ich bitte darum.
Ist es so offen- sichtlich?
Habe ich mich so seltsam verhal- ten, dass selbst meine Sekretärin es mitbe- kommen hat?
Na ja …
… ich schätze, ich hatte viele Stim- mungsschwankun- gen wegen der ganzen Sache.
Wie er- bärmlich!

Heute ist Freeeitag.
Freeeitag!
Getrockneter Seelachs, getrockneter Seelachs!
Das werden wir heute esseeen!
Wer will auch wel-chen?
Ich!
Mina, du auch ?!
Mhm
Yiyoung?
Ah ...
Ich habe heute Abend bereits eine andere Ver-abredung.
Was ?!
Wen triffst du heute?
Du bist momentan ziemlich be-schäftigt, was?

Direktor Kang.
Zing
Ah, ach so.
Das Projekt neigt sich langsam dem Ende zu.
Warum triffst du ihn?
Er will wohl über den Plan reden, den ich gestern abgegeben habe.
Ja.
Und wahrscheinlich ...
Ich möchte mit einem Geschäftspartner nicht solch eine Beziehung haben.
Verzeihen Sie.
... wird er mir eine richtige Abfuhr erteilen.

Es tut immer noch weh. Ich bin mir noch nicht über meine Gefühle für ihn im Klaren.
Aber ich werde es über-stehen.
Schade!
Dann gehen wir eben ohne dich!
Betrinken wir uns!
Übertreibt es nicht! Habt ihr vergessen, dass wir morgen am Firmen-bankett teilneh-men müssen?
Es wird immerhin ver-anstaltet, um unsere harte Arbeit zu würdigen.
Morgen um 17 Uhr 30! Am Kongresszen-trum neben der Banpo-Brücke!
Ja, ja. Wir werden hingehen.
Hat jemand gesagt, dass er nicht kommt? Wir werden al-le da sein!
Das ist doch nur zur Mani-pulation der Presse!
Ich habe eine Arbeit, die ich erle-digen muss ...
Also wirk-lich!
Deswegen ist es umso wichtiger!
... und ein Team, das sich auf mich verlässt.

Riesiger Stapel
Hm …
Herr Direktor.
Klopf Klopf
Es ist bald Zeit für Ihre Verabredung.
Ah!

Ich sollte gehen.
Könnten Sie bitte etwas aufräumen?
Mache ich.
Ich habe für das morgige Bankett Parkplätze für die Vorstandsmitglieder organisiert. Sie erhalten diesbezüglich noch eine Nachricht.
Vielen Dank.
Dann bis morgen.
Seit gestern wirkt er sehr nervös.
Ja, Herr Direktor.
Sogar ziemlich durch den Wind.
Er konnte nicht mal seine Arbeit beenden.
Wenigstens ist es nichts Dringendes …
Hallo? Ja, der Herr Direktor ist gerade losgefahren.
Hast du ihm den besten Platz reserviert?
Genau, kümmere dich gut um ihn. Es ist ein äußerst wichtiges Treffen.
Mögen Sie Herrn Ahn so sehr?
Hi hi, was für ein Spaß!

Er ist äußerst beeindruckend.
Aber Sie haben wohl kein Interesse daran, ihn auszuführen.
Da Sie ja anscheinend bereits mit anderen Dingen beschäftigt sind.
Vielleicht sollte ich die Klausel in seinem Vertrag erwähnen und ihn davon abhalten, etwas anderes zu tun?
Ich hätte mich nicht so benehmen dürfen.
Ich sollte ihn nicht davon abhalten, selbst zu entscheiden und sein Potenzial voll auszunutzen.

?!
!
Haah
Haah
Ich hätte das nicht tun sollen.

Hier entlang, bitte.
Entschuldigen Sie die Verspätung.
Mussten Sie lange warten?
Nein.
Ich bin auch gerade erst gekommen.
Er ist wirklich …
… ziemlich gut aussehend.

Deswegen …
… möchte ich umso mehr …
Herr Ahn.
Wie wäre es, wenn Sie es doch einmal mit der Serie versuchen würden?
Wie bitte?
Ich bin mitten in Ihr Meeting hereingeplatzt und befürchte, Ihre Entscheidung beeinflusst zu haben.
Es hat die ganze Zeit an meinem Gewissen genagt.

Falls das der Fall sein sollte, bedenken Sie ...
Was ist hier los?
Er wollte also gar nicht über meinen Plan reden ...
... dass das Projekt ohnehin bald zu Ende ist ...
... oder mir eine Abfuhr erteilen?
... und Sie haben Ihre Teammitglie...
Sie haben recht.
Auch ohne mich kann das Spiel ohne Probleme beendet werden.
Immerhin habe ich keinerlei wichtige Rolle in meinem Team.
Das habe ich nicht gemeint!
Zudem ist es eine äußerst seltene Chance.

Wann werde ich jemals wieder …
… für eine Fern-sehserie gecastet werden?
…
Es scheint, Sie haben al-les gesagt, was Sie loswerden wollten.
Dann wer-de ich nun gehen.
Herr A…
Ich sollte die Produzenten kontaktieren, bevor es zu spät ist.

Das wollte ich nicht ...
Wie konnte das pas-sieren?
Ehrlich gesagt ...
... war das nicht das, was ich Ihnen sagen wollte.

Einmal getrockneter Seelachs!
Tadaa
Extra-knusprig!
Wow!
Leute, ich ...
Krrt
... möchte noch Tteokbokki* und Fischkuchen-suppe essen.
Ooh, du bist ja doch da, Yiyoung!
* Reiskuchen in scharfer Soße.
Was ist mit deiner Verabre-dung?
Wir hatten nicht so viel zu bespre-chen ...
... deswe-gen war es recht schnell vorbei.

Ach so. Gut, dass du es noch geschafft hast.
Ent-schuldi-gung!
Genau ...
... es ist vorbei. Ich sollte auf-hören, darüber nachzudenken.
Hoch die Hände, Wochen-ende!
Ob wohl beim Direk-tor alles okay ist?
Vielleicht sind sie schon zusammen?
Morgen kann ich ihn ver-mutlich damit necken, oder?
Was für eine wundervolle Schwach-stelle!
Brrr Brrr

Kyungjoo, du hast doch gesagt, dass das heute ein wichtiges Meeting ist, oder?
Aber es scheint, dass es nicht gut gelaufen ist.
Dein Chef sieht nicht gerade zufrieden aus.
Der eine ist überhastet verschwunden, kurz nachdem sie bestellt hatten.
Was?
Das Essen wird gleich serviert. Was soll ich nur tun?
Mach irgendetwas!
Wie ist das möglich?
Ich habe darüber nachgedacht und …

... ich werde in einer Serie mitspielen.
Was hast du gesagt?!
Woow!!
Herzlichen Glückwunsch!
Dann wirst du jetzt echt ein Promi?
Sollte ich das durchziehen, werde ich ab nächster Woche nicht mehr zur Arbeit kommen können.
Was?!
Moment mal, was wird dann aus uns?!
Ihr braucht mich jetzt nicht mehr. Das Spiel ist auch schon fertig und ...

... Mina ist ja jetzt da.
Hey, hast du vergessen, was du mal gesagt hast?
Promi? Daran habe ich kein Interesse.
Ich möchte später eine Firma mit dir gründen!
Das hat er gesagt. Vor exakt acht Jahren und vier Monaten.
Nein.
An »Versprechen« glaube ich sowieso nicht.
Ein Versprechen, das so leicht vergessen worden ist, hat sowieso kein Gewicht.
In Ordnung.
Mach, was du nicht lassen kannst.
Von nun an machen wir ohne Yiyoung weiter.
M... Mina.

Genau! Ihr schafft das auch ohne mich!
Wumm
Geben wir unser Bestes! Wollen wir darauf anstoßen?
Ich mache euch einen Schnaps-Bier-Cocktail!
Okay?
Bestellt noch ein paar Snacks! Ich bezahl!
Gluck
Gluck
Ihre Bestellung.

Oh …
Klack
Klack
Oh …
Starr
Verzeihen Sie, dass ich so spät bin, Herr Direk-tor.
Es war verdammt viel Verkehr …
Frau Cha?

Könnten Sie das bitte verstauen?
Danke schön.
Was machen Sie hier? Woher wussten Sie ...
Ich habe einer Freundin, die hier arbeitet, gesagt, dass das heute ein sehr wichtiges Meeting ist.
Sie meinte, es schien irgendetwas mit dem Vertrag nicht in Ordnung zu sein, und ob ich als Ihre Sekretärin deswegen nicht kommen sollte.
Wussten Sie nicht bereits, dass ich mich mit Herrn Ahn getroffen habe?
Ja, das wusste ich.
Vertrag, hah!
Dürfte ich fragen ...
... warum Herr Ahn Sie allein hier zurückgelassen hat?

...
Ich habe ihn dazu gebracht zu gehen.
Was? Warum?
Ich habe etwas zu spät reali-siert.
Die Tatsache, dass ich kein Recht habe.
Hä ...?

Klirr
Glub Glub Glub
Tschack
Gluck
Gluck
Ähm? Trinkt ...
... er immer so viel?
Leute, ich ... muss euch was beichten.
Ehrlich gesagt möchte ich ...

... gar nicht ... in ...
... einer Serie mitspielen.
Was?
Warum wirst du es dann machen?
Na weil!
Bamm
Weil alles ...
... die Schuld von Direktor Kang ist!
Dröpp

Was?! Was hat der denn damit zu tun?!
Er sieht viel zu gut aus ...
Sie haben ... kein Recht? Ich verstehe das nicht.
Könnten Sie es mir bitte erklären?
Am Anfang war ich sehr glücklich, als ich erfahren habe, dass Herr Ahn Gefühle für mich hat.
Ich hatte vor, ihn um eine Verabredung zu bitten ...
... sobald der Vertrag zwischen unseren Firmen ausläuft.

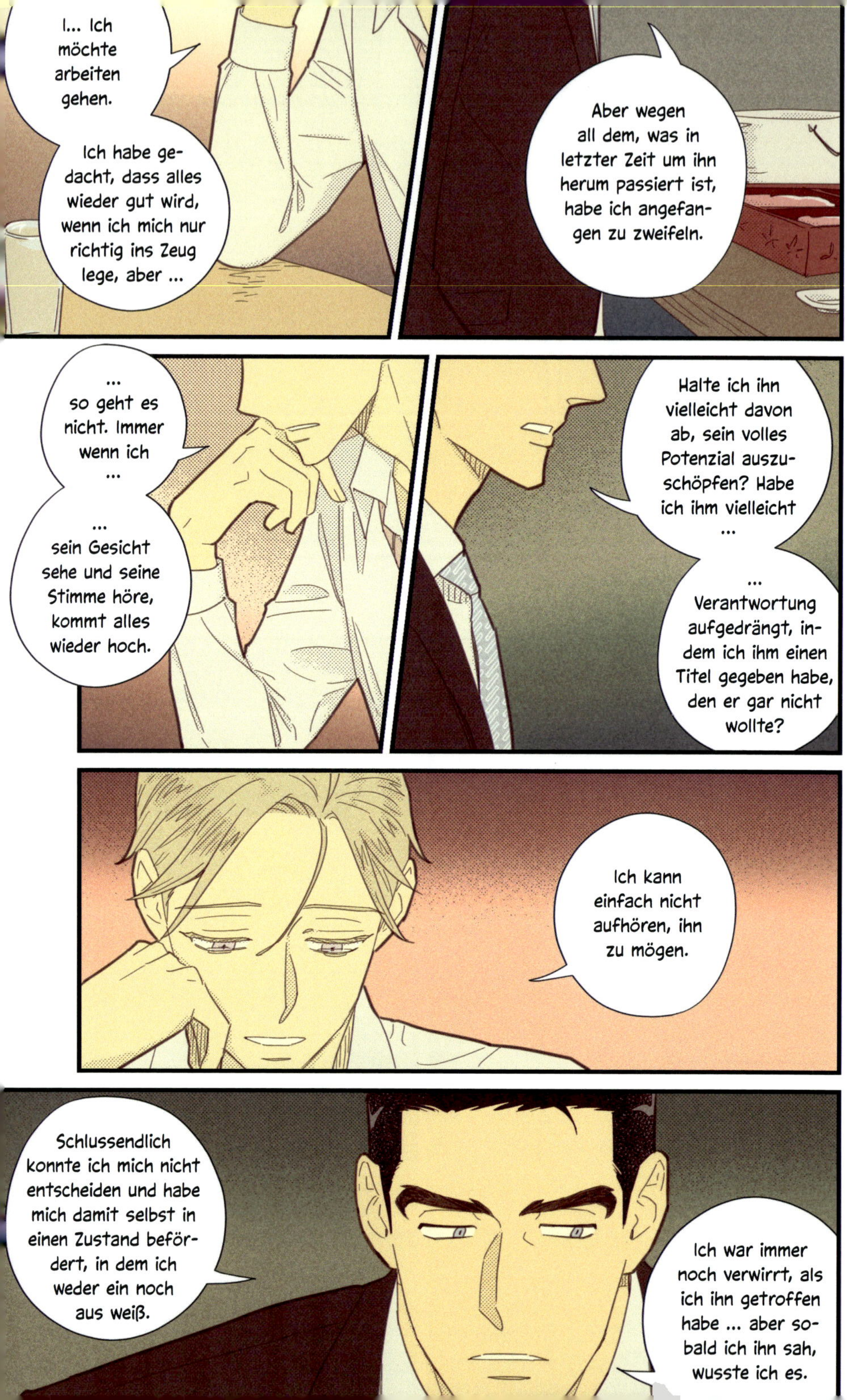
I... Ich möchte arbeiten gehen.
Ich habe gedacht, dass alles wieder gut wird, wenn ich mich nur richtig ins Zeug lege, aber ...
Aber wegen all dem, was in letzter Zeit um ihn herum passiert ist, habe ich angefangen zu zweifeln.
... so geht es nicht. Immer wenn ich ...
... sein Gesicht sehe und seine Stimme höre, kommt alles wieder hoch.
Halte ich ihn vielleicht davon ab, sein volles Potenzial auszuschöpfen? Habe ich ihm vielleicht ...
... Verantwortung aufgedrängt, indem ich ihm einen Titel gegeben habe, den er gar nicht wollte?
Ich kann einfach nicht aufhören, ihn zu mögen.
Schlussendlich konnte ich mich nicht entscheiden und habe mich damit selbst in einen Zustand befördert, in dem ich weder ein noch aus weiß.
Ich war immer noch verwirrt, als ich ihn getroffen habe ... aber sobald ich ihn sah, wusste ich es.

Ich darf nicht zu gierig nach ihm sein.
Ich mag ihn so sehr ...
... aber er scheint mich nicht zu brauchen.
Es tut so weh. Deswegen kann ich nicht so weitermachen.
Ich will hier nicht mehr arbeiten ...

Also haben Sie ihn aufgegeben, weil Sie befürchten ihn aufzuhalten? Nein, weil Sie denken, Sie sind nicht gut genug für Herrn Ahn?
Ich glaube, Sie sehen das nicht objektiv genug.
Ehrlich gesagt, ist niemand eine so gute Partie wie Sie, Herr Direktor ...
So gut ...
... bin ich gar nicht.
Ich werde nach Hause gehen.

Will Yiyoung gerade sagen, dass er Direktor Kang mag …?
Hat Yiyoung sich gerade geoutet?
Überlegen gerade, wie man auf einen Freund, der sich geoutet hat, am besten reagiert.
Waaas?! Yiyoung und Direktor Kang?
Hey, hör auf …
Oh … das … ist …
Wer von euch beiden ist oben?
Hmpf

Ja. Ich wusste, dass er schwul ist, und auch, dass er Gefühle für Daehyung Kang hat.
Hast du das gewusst, Mina?
Wir hatten keinerlei Ahnung …
Das muss wirklich hart für ihn gewesen sein.
Da sagt ihm jemand Junges und Gutaussehendes, dass er ihn mag, und das ist seine Antwort?!
Daehyung Kang …
Argh! Was ist nur mit diesem Typen los?! Was denkt er sich, zu sagen, dass er Yiyoung nicht braucht?!
Schlussendlich …

... hast du das verursacht, was ich befürchtet hatte.
So ist es richtig.
Es ist das Beste ...
Haah ...
... für ihn.

...
Mist! Ich muss ständig daran denken und es regt mich auf!
Was ist mit Direktor Kang nicht in Ordnung?
Schwupp
Er ist zwar etwas (...) älter als Herr Ahn, aber ansonsten sind sein Körper, sein Gesicht und sein Status wirklich herausragend. Was stimmt also nicht?
But I'm a creep. I'm a weirdoooo.*
Wieso sollte jemand, der so perfekt ist, kein Recht haben, mit ihm zusammen zu sein?
Herr Direktor, Sie sollten dieses Lied wirklich nicht singen!
* Radiohead: Creep
Wie kann jemand mit dem Lebenslauf nur so wenig Selbstbewusstsein haben?!
Du bringst mich zur Weißglut, Daehyung Kang!!

On or Off

On or Off

Willkommen. Hier entlang zum Festsaal, bitte.
Ist Herr Ahn nicht mit Ihnen gekommen?
Es kann sein, dass Yiyoung heute nicht kommt!
Er hat gestern viel zu viel getrunken!
Und Direktor Kang? Ist er gut angekommen?
Hä? Warum fragen sie nach ihm?
Ja, der Herr Direktor ist bereits da ...

... er ist dort drüben.
Hmpf! Es scheint ihm gut zu gehen.
Er spricht gerade mit der Präsidentin!
Er wirkt wie immer.
über was reden sie gerade?
Warum benehmen sie sich heute so?
Yiyoung! Du bist gekommen!
Sorry, Leute, da bin ich.
Tut mir leid, dass ich gestern so betrunken war. Ihr hattet es nicht leicht mit mir, oder?

Ach was, nein! Du musst dich für nichts ent-schuldigen!
Du warst schnell wieder wach und bist nach Hause gegangen.
Bist du hungrig? Essen wir da drüben etwas.
Warum kümmern sie sich heute so sehr um Herrn Ahn?
Wirklich komisch.
Irgend-etwas ...
?
... ist pas-siert!

Er starrt Direktor Kang an.
Aber, Moment mal ...
... Direktor Kang ...
... sieht ebenfalls zu Herrn Ahn?

Was machen die beiden da?!
Herr Ahn, da sind Sie ja!
Kommen Sie, hier entlang!
Es gibt viele Leute, die Sie begrüßen sollten.
Abteilungsleiter Kim hat nur Herrn Ahn mit sich genommen ... was für ein Arsch.
Yiyoung hat sich immer um solche nervigen Dinge gekümmert ...
Folgen Sie mir bitte.
... aber wegen des »großartigen« Direktor Kang ...
... ist er jetzt nicht mehr in unserem Team.

Ach, wirklich? Herr Ahn hat Sie verlassen?
Aber warum soll das Direktor Kangs Schuld sein?
Ich bin mir sicher, er hat das vorgeschlagen, weil er denkt, dass Herr Ahn Potenzial hat. Es war nur ein Vorschlag. Hat Herr Ahn seine Entscheidung nicht selbst gefällt?
Weil der Yiyoung dazu gedrängt hat, bei einer Serie mitzuspielen.
Es ist ja nicht so, dass er es macht, obwohl er es nicht machen will ...
Argh, Sekunde!
1. Er hat sich gestern betrunken.
2. Teammitglieder, die sich um ihn kümmern.
3. Feindseliges Agieren gegenüber Direktor Kang.
Wenn ich all diese Tatsachen kombiniere, dann ...!
Verlässt Herr Ahn vielleicht das Team, weil er ...
... Direktor Kang mag, der ihn aber abserviert hat?

Wow, Gänsehaut! Woher wissen Sie das?!
Feinfühligkeit ist ein Muss für Sekretärinnen.
Sollte ich ihnen in dem Fall Direktor Kangs Standpunkt erklären?
Oder mische ich mich dann zu sehr ein?
Unschlüssig
Nein, es ist zu frustrierend! Ich halte es nicht länger aus!
Ehrlich gesagt mag Direktor Kang Herrn Ahn auch.
Waaaaaaas?!
Was, warum reden die beiden dann die ganze Zeit um den heißen Brei?
Er hat die ganze Zeit davon geredet, dass er Herrn Ahn nicht seine Möglichkeiten versperren will und dass er kein Recht auf ihn hat und so weiter. Er wollte einfach nicht auf mich hören!
Urgh, ernsthaft!
Ah, aber ...

... er wird euch zuhören!
Immerhin seid ihr die Freunde von Herrn Ahn!
Hm ... Es sind so viele Leute bei Direktor Kang.
Das Bankett wird vorbei sein, ehe wir die Chance kriegen, mit ihm zu reden.
Grrrrr
Aber Yiyoung meinte, dass heute sein letzter Arbeitstag ist ...
Tatapp
Alter Mann! Ah, ich meine, Direktor Kang!

Ich möchte damit fahren!
Kommen Sie mit!
Bitte?
Nein, danke.
?
Wusch
Warum zur Hölle ...
... fahre ich mit diesem däm-lichen Ding?
Die Schwimm-weste ist viel zu klein.

Endlich haben wir die Gelegenheit zu reden, Herr Direktor.
Wir haben Sie hierher bestellt ...
... um Sie dafür, dass Yiyoung Ahn, unser Kernmitglied, unser Team verlassen will, zur Rechenschaft zu ziehen.
Yiyoung hat uns gestern, nachdem er sich mit Ihnen getroffen hat, mitgeteilt, dass er mit der Arbeit aufhören wird. Haben Sie eine Idee, warum?
Ja. Ich habe ihm vorgeschlagen, dass er in der Serie mitspielen soll.
Warum haben Sie das getan?!
Genau! Warum?!
Ich wünsche mir auch, dass Herr Ahn bis zum Release des Spieles weiterarbeitet ...
... aber ich möchte nicht, dass er wegen meines Egoismus so eine Chance verspielt.
Sie liegen falsch. Yiyoung möchte diese gar nicht nutzen.

Er hat sich komplett auf seine Arbeit konzen-triert.
Er hat sich große Sorgen um die Ankündigung des Spieles gemacht und uns dazu überredet, heute mitzukommen, obwohl wir keine Lust hatten.
Genau. Und bis er Sie getrof-fen hat, hatte er keinerlei Interesse daran, in der Serie mitzuspielen!
Yiyoung wollte Ihr Feed-back zu dem Plan für das Spiele-Launch-Event hören.
Plan für das Event
Es ist ausge-zeichnet!
Ah ...
Haben Sie vielleicht darüber ge-sprochen?
Nein ...

Vielleicht hat es ihn verletzt, dass Sie etwas anderes als erwartet emp-fohlen haben?
Was er will?
Genau! Haben Sie überhaupt gefragt, was er will?
Nein, auch das habe ich nicht getan.
Ich habe allein darüber nachgedacht und eine Ent-scheidung ge-troffen.
Ohne mir im Klaren zu sein, ob es die richtige ist, habe ich sie ihm aufgedrängt.
Aus Angst, meine Entschei-dung zu bereuen, habe ich diese auch nicht hin-terfragt.

Ich hatte keine Ahnung ...
... wie er darüber denkt ...
... oder wie er sich entscheiden würde.
Yiyoung und ich haben dieses Team nicht binnen kurzer Zeit aufgestellt.
Wir haben es lange geplant ...
... und wir haben auch nicht vor, nach nur einem Projekt aufzuhören.
Yiyoung darf jetzt nicht aussteigen.
Deswegen müssen Sie wiedergutmachen ...
... was Sie angestellt haben, Direktor Kang.

Sie wissen, wie Sie Yiyoung umstimmen kön-nen, oder?
Ich habe einen großen Fehler gemacht. Es tut mir leid.
Ich werde es wieder richten.
Jetzt, sofort.
Was? Sie werden Ihr Team verlas-sen, Herr Ahn?
Was sagen Sie denn da?!

Na ja ... Es ist etwas dazwischen-gekommen.
Was denn? Argh, ich bin so enttäuscht, was sollen wir nur tun?
Herr Ahn!
Ich muss Ihnen etwas sagen!

Bitte?
Jetzt.
Gwit

Hier entlang.
Tapp
Betreten verboten
Betreten verboten
Was wollten Sie mir sagen?

Nehmen Sie den Schauspiel-job nicht an.
Verlassen Sie Team Singco nicht.
Warum kommen Sie jetzt ...
... und ändern plötzlich Ihre Meinung?
Weil ich mich getäuscht habe.
Team Singco steckt voller Potenzial.
Und Sie, Herr Ahn, sind ein wichtiger Teil dieses Teams.
Ich denke, es ist besser, wenn Sie das Team weiter vorantreiben ...
... anstatt in einem anderen Feld neu anzufangen.
Was rede ich hier gerade?

Ich darf nicht länger ein Feigling sein.
Nein, das sind alles nur Ausreden.
Gehen Sie nicht.
Bleiben Sie an meiner Seite, Herr Ahn.
Bitte bleiben Sie dort, wo ich Sie jederzeit sehen kann.
Wenn Team Singco das Projekt der SJ Corporation beendet hat ...
... möchte ich mit Ihnen eine Beziehung anfangen.

...
Ähm ... Einen Moment!
Ich möchte sichergehen, dass ich das richtig verstanden habe.
Ich werde es ab jetzt aufnehmen ...
Tipp
Tipp
Tapp

... also wiederholen Sie das eben Gesagte bitte noch mal!
Ich ...
... bereue es.
Ich bereue die Nacht ...
... in der wir uns zum ersten Mal trafen und ich Sie missverstanden habe ...
... dass ich Ihre Gefühle nicht bemerkt habe ...
... dass ich, selbst als ich es bemerkt habe, meine eigenen Gefühle versteckt habe ...

... und dass ich uns beide dazu gezwungen habe, Sachen zu tun, die wir nicht wollten.
Bubumm
Das alles bereue ich.
Wenn ich es jetzt nicht wiedergutmache, werde ich es noch mehr bereuen.
Deswegen sage ich Ihnen das jetzt.
Wenn Sie noch immer etwas für mich empfinden ...
... geben Sie mir bitte eine Chance.
Bubumm
Bubumm

Bubumm
Ich möchte Ihr Geliebter werden, Herr Ahn.
Bubumm
Bubumm
Bubumm
Bubumm
Bubumm

Würden Sie ....
... mir das gestatten?
Gwwt
Ja!
Nick Nick
Herr A...
Ah, stimmt!

Ich stimme der obigen ... äh, ich meine, der vorherigen Frage zu!
Wenn dieses Projekt beendet ist, werden wir ...
... automatisch Gel...
Öhö
Oder?
Ja, so wäre es leichter ...
... für Sie zu arbeiten ...
... und wir hätten auch keine vertraglichen Schwierigkeiten.
Zuck
Nick
Nick
Sollten wir erwischt werden, könnte es sonst ein Problem werden.
Ja, natürlich. Immerhin gibt es so etwas wie eine Unternehmensethik.

Gnn
Es wird nicht mehr lange dauern ...
... also lassen Sie uns bis dahin gedul-dig bleiben.
Ja.

Ich werde warten!

Also ich kann das nicht.
Verträge, Unterneh-mensethik ...
... lassen Sie uns all das ignorieren.

Flopp
Dopp
Ein paar soziale Normen ignorierend
...
...
sind wir ab heute
...
...
ein Paar.

Bonus

On or Off

Egal wie sehr mich das Kind …
… das heute Essensdienst hat, hasst …
Mina Nam Grundschule 1. Klasse
… wie kann es mir nur eine Oktopuswurst geben?
Selbst wenn ich versuche es anhand logischer Regeln zu erklären, ergibt es keinen Sinn. Dieses blöde Kind …
Mina!
Du magst doch Oktopuswurst, oder?
Hier, für dich!

Wie ... wie hast du so viel bekommen?
Wow! Ich mag Oktopuswurst am liebsten! Ich möchte ganz, ganz viele davon essen!
... habe ich gesagt und so viel bekommen.
Essensdienst
Oho?
Durch diesen Zwischenfall habe ich realisiert, wie nützlich Yiyoungs Geselligkeit ist.
Deswegen würde ich vorschlagen, dass du später eine Firma mit mir gründest.
Das hier ist eine Liste voller Businessideen, die ich gesammelt habe. Lies sie dir durch.
Sofern sich dein Aussehen nicht ändert, gibt es natürlich auch die Möglichkeit für dich, im Showbusiness zu arbeiten.
Aber in Anbetracht der Unsicherheit der Zukunft wäre eine Firma mit mir die sichere Entscheidung.
Am meisten interessiert mich die vierte Industrielle Revolution und Unternehmen, die Bioenergie kombinieren mit ...

Er hört mir nicht zu.
Bamm
Hör gut zu, Yiyoung.
Wenn du ein Star wirst, wird dich jeder sofort erkennen! Du wirst deine Eltern und Freunde kaum sehen und nicht einfach so in der Stadt spazieren gehen können. Hast du das verstanden?
Argh?! Das will ich nicht!
Dann gründe mit mir eine Firma.
Okay, verstan-den!
Um mich um deine Noten zu kümmern, werde ich dir dreimal die Woche Nachhilfe geben.
Sekunde.
Ist das ...

... nicht Gas-lighting?
Was haben Sie von einer Psychopathin erwartet?
Aber den-noch konnte ich ihn ...
... nicht mehrere Jahre dazu zwingen, et-was zu tun, was er nicht will.
Um deine Noten zu verbes-sern, werde ich dir fünfmal pro Woche Nachhilfe geben.
Ja! Dann kann ich zur selben Uni gehen wie du!
Weil Yiyoung immer öfter seine eigenen Ziele verfolgt hat ...
... hat er es bis hierher ge-schafft.
Ich habe kostenlo-sen Kuchen bekommen.
Alles klar.

On or Off

On or Off

Vorschau auf Band 4

So geht es im nächsten Band weiter.

Die beiden befinden sich nun auf **Wolke sieben**.

On or Off

In Band 4 geht es spannend weiter!

On or Off

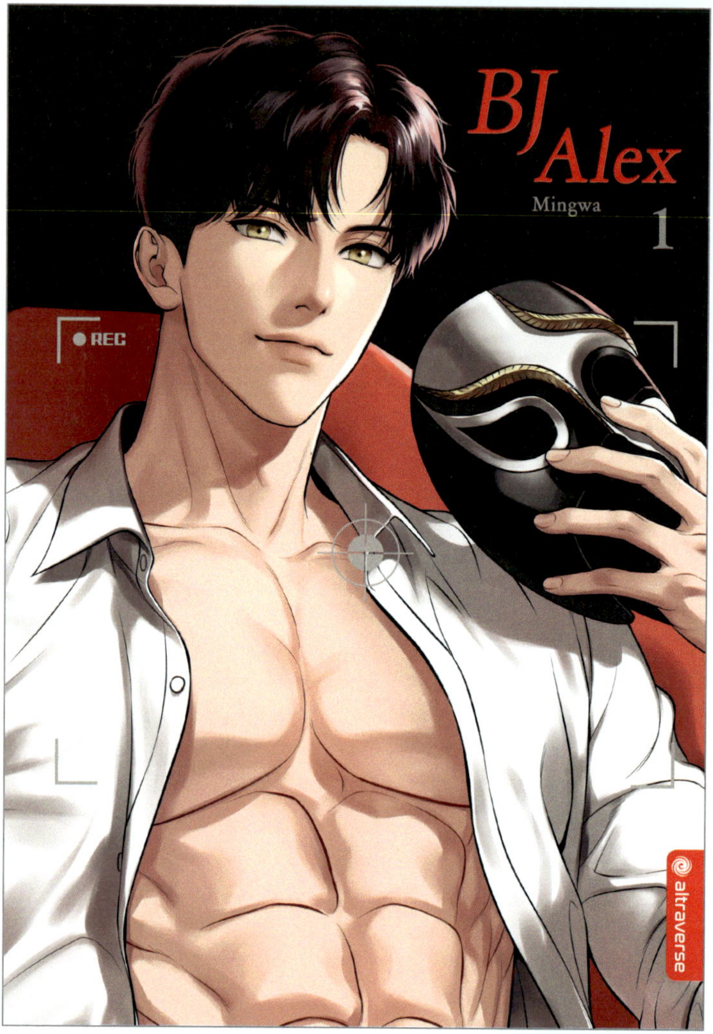

BJ Alex

Mingwa

Im Alltag des Studenten Dong-Gyun herrscht wortwörtlich tote Hose. Nur dank des Live Camboys Alex kommt jeden Abend etwas Feuer in sein einsames Sexleben. Als er auf einer Studentenparty über die Stränge schlägt und einen Filmriss erleidet, ist jedoch Schluss mit einsam. Denn in seiner Wohnung ist ein Kerl oben ohne, der verdächtig wie Alex aussieht.

Hyperventilation

Bboungbbangkkyu

Zu seiner Schulzeit war der an einer Lungenkrankheit leidende Myeong ein Außenseiter. Als er neun Jahre später auf einem Klassentreffen seine alten Schulkameraden wieder trifft, muss er jedoch feststellen, dass sich vieles verändert hat. Doch gilt dies auch für seine unerwiderten Gefühle für den damaligen Klassensprecher Seon-Ho?

Killing Stalking

Koogi

Außenseiter Bum Yoon wird von allen gemobbt. Als ihm der gut aussehende Sangwoo zu Hilfe kommt, verliebt er sich Hals über Kopf in ihn. Doch aus seiner Schwärmerei wird bald eine echte Obsession, die ihn so weit treibt, in Sangwoos Haus einzubrechen. Und dort wird schnell klar, dass der Sonnyboy ein dunkles Geheimnis verbirgt und Bum Yoon so schnell auch nicht wieder gehen lassen wird …

In these words

Guilt|Pleasure: TogaQ | Kichiku Neko

Psychiater Katsuya Asano soll einem Serienkiller, der jahrelang sein Unwesen getrieben hat, ein Geständnis entlocken. Eingesperrt auf engstem Raum verwickelt ihn der charismatische Täter immer tiefer in seine Psychospielchen und die Grenzen zwischen Realität und Traum verschwimmen immer mehr ... Gibt es eine Verbindung zwischen Katsuya und dem Mörder?

PREQUEL ZU IN THESE WORDS

New York Minute

Guilt|Pleasure: TogaQ, Kichiku Neko & Suzume

Der verschlossene Katsuya Asano beginnt seine Karriere als Polizeipsychologe beim New York Police Department. Dort erregt er das Interesse des Mordermittlers David Krause. Ob es dem charismatischen Detective gelingen wird, Katsuyas Verteidigungsmauern niederzureißen und ihn für sich zu gewinnen?

The Doll

Guilt|Pleasure: TogaQ & Kichiku Neko

Vincent Lynch ist ein knallharter Kopfgeldjäger, der weiß, was er will. Er wird angeheuert, um eine »Doll« zurückzuholen, einen künstlichen Menschen, der die tiefsten Sehnsüchte seines Besitzers erfüllen soll. Der scheinbar einfache Auftrag stellt bald schon alles in Lynchs Leben infrage: Seine Prinzipien, seine Moral und sogar seine Wünsche ...

altraverse

Deutsche Ausgabe / German Edition
Altraverse GmbH – Hamburg 2022
Aus dem Koreanischen von Anna Herr

First published in Korean in 2019 by D&C WEBTOON Biz Co., Ltd.
German translation rights arranged with Altraverse GmbH
through D&C WEBTOON Biz Co., Ltd.

Redaktion: Anne Faltin
Herstellung: Michaela Müller
Lettering: Vibrant Publishing Studio

Druck: Silber Druck oHG
Printed in Germany

MIX
Papier
FSC FSC® C083411

ISBN: 978-3-7539-0577-8
2. Auflage 2022

www.altraverse.de